명강사 13인의
7차수능공략

김준호 지음

한국경제신문

대한민국 최고 명강사 13인의 맞춤식 학습지침서

필자가 몸담고 있는, 전국 200여만 명의 고교생을 독자로 하는 〈한국고교신문〉에는 '뜨아리포터' 라고 불리는 많은 고교생 기자들이 있다. 학생기자들은 취재와 기사 작성에 열의를 가지고 있지만, 한편으로는 대입과 진로에 대한 고민을 안고 있다. 특히 이번에 7차 교육과정으로 달라진 입시제도에 대해 깊이 고민하는 학생들을 자주 볼 수 있었다.

그러던 중 한 대학수학능력시험 전문방송국의 입시설명회를 취재하는 기회를 가졌다. 입시설명회 당일, 비가 억수처럼 내렸다. '이렇게 비가 오는데, 과연 학부모나 수험생들이 얼마나 왔을까?' 하는 생각을 하며 설명회가 열리는 장소로 갔다. 그러나 입시설명회가 개최된 장소에 들어서는 순간, 필자는 그 곳에 가득 찬 열기와 진지함에 주눅이 들지 않을 수 없었다.

강사의 한 마디 한 마디를 놓치지 않으려는 참석자들의 적극적인 모습을 직접 보지 못한 사람은 짐작할 수 없을 만큼 뜨거운 현장이었다. 많은 사람들이 대학 입시정보에 목말라하고 있는 것이다.

1994학년도에 처음 도입되어 조금씩 바뀌던 대학수학능력시험 체제가 7차 교육과정에 따라 11년 만에 새롭게 개편, 2005학년도 입시에서부터 적용된다. 따라서 2004년부터는 대폭 수정된 대학 입시와 교육과정의 변화로 수험생과 학부모, 일선 지도교사들은 더욱 혼란을 겪을 것으로 예상된다. 지금보다 한층 철저한 준비가 필요한 시점이다.

자신의 적성과 특성에 맞는 대학과 학과를 미리 정해, 수능·학생부·논술·면접 등 해당 대학의 전형요소에 맞는 '맞춤식 학습전략'을 수립해 공부하는 것이 수험생들에게는 무엇보다도 중요하다. 물론 수험생들은 기본적으로 스스로 공부를 열심히 해야 한다. 그러나 누구나 열심히 하는 가운데 그 공부방법을 알고 대입정보에 능통하다면 경쟁에서 유리한 고지를 선점할 수 있다.

시중에는 원론적인 공부방법과 기술에 대해 소개한 학습서가 많이 나와 있다. 하지만 고교생·수험생들에게 실질적인 학습방법과 대입정보를 구체적으로 안내해 줄 수 있고, 나아가 변화된 7차 교육과정에 대해 설명해 줄 수 있는 학습서는 전무한 실정이다. 따라서 수능을 대비하는 수험생들에게 조금이나마 도움을 주고자 이 책의 출간을 결심하게 되었다.

이 책은 고교생과 수험생이 수능을 대비하는 시간 순서에 따라 구성했다. 수능 각 영역별 학습법, 수능 이후 대비방법, 일반적인 학습법 등의 주제를 이른바 '명강사'로 통하는 일선 교사, EBS 강사, 수능 전문학원 강사 등의 인터뷰를 통해 구체적으로 소개했다.

본격적인 각 영역별 학습법은 언어영역 이만기(메가스터디), 수리영역

한석현(J&J미디어), 외국어영역 이근철(EBS), 사회탐구영역 최강(최강학원), 과학탐구영역 박완규(EBS), 직업탐구영역 박희용(공업입문, 서울공업고)·정재희(상업경제, 영란정보산업고)·이승현(컴퓨터일반, 대광고) 선생님 등이 상세하게 제시한다. 이러한 학습법과 함께 대입의 성패를 좌우하는 결정적 변수 중 하나인 대입정보는 유성룡(한겨레신문 진학정보팀장), 심층면접은 박원우(심층면접 우만구만 운영자), 논술은 안광복(중동고 철학), 수시모집에 대해서는 임근수(수시 전문 사이트 유니드림 운영자) 선생님 등이 친절하고 구체적으로 안내해 준다. 마지막으로 30여 년에 걸친 교직 생활의 노하우에 바탕한 진학·진로 분야의 전문가 진장춘(중앙교육에듀토피아) 선생님은 고교생들의 공부방법론을 설명해 준다.

입시를 준비하는 학생은 이 책을 통해 전문가 선생님들이 풀어놓는 수능 각 영역별 공부방법과 대입정보라는 밥상에서 자신에게 부족한 영양분을 효과적으로 보충할 수 있을 것이다. 모쪼록 이 책이 수험생 여러분의 꿈을 실현할 수 있는 좋은 밑거름이 되기를 바라마지 않는다.

2003년 9월

김 준 호

차 례 CONTENTS

3 • 머리말

1 • 2005학년도 수능 어떻게 바뀌나
13 • 7차 교육과정에 따른 수능의 변화

2 • 언어영역─이만기
23 • 최근 출제경향
27 • 7차 교육과정의 언어영역 이해
29 • 2005학년도 수능 언어영역 대비법
32 • 언어영역 향상의 지름길

3 • 수리영역─한석현
41 • 최근 출제경향
44 • 7차 교육과정의 수리영역 이해
46 • 효율적인 수리영역 학습법

4 • 외국어영역─이근철
55 • 최근 출제경향
57 • 7차 교육과정의 외국어영역 이해

CONTENTS

59 ● 외국어영역에서의 만점 획득 비결

66 ● 수준별 학습전략

5 ● 사회탐구영역 – 최강

71 ● 최근 출제경향

74 ● 7차 교육과정의 사회탐구영역 이해

76 ● 사회탐구영역 향상의 지름길

80 ● 사회탐구 과목 선택방법

82 ● 과목별 공부방법

6 ● 과학탐구영역 – 박완규

91 ● 최근 출제경향

93 ● 7차 교육과정의 변화 내용

95 ● 과학탐구영역의 학습방법

100 ● 과목별 학습방법

7 ● 직업탐구영역

105 ● 공업입문-박희용

110 ● 상업경제-정재희

116 ● 컴퓨터 일반-이승현

8 ● 대입정보 – 유성룡

121 ● 대입 준비에서 정보는 필수다

125 ● 정보를 이용하여 입시전략 세우기

9 ● 심층면접 – 박원우

135 ● 심층면접에 관한 미신 네 가지

138 ● 심층면접의 반론 유형과 대책

CONTENTS

142 • 심층면접의 준비요령

145 • 심층면접을 잘 하는 방법

149 • 지원 학부별 필독서

10 • 논술 – 안광복

155 • 논술을 바로 알자

161 • 논술 실력을 높이는 방법

11 • 수시모집 – 임근수

169 • 수시란 무엇인가?

171 • 수시 합격의 지름길

175 • 전략을 세우면 수시 합격이 보인다

178 • 수시모집을 위해 준비해야 할 서류

182 • 수시모집의 최종관문은 심층면접이다

12 • 7차 교육과정 대비 성적 업그레이드 학습법 – 진장춘

187 • 학습계획의 설정

192 • 학습의 효율성을 증가시키는 방법

198 • 수업을 잘 받아라

201 • 학생부성적 올리는 비결

209 • 방학생활 학습계획

1

2005학년도
수능 어떻게 바뀌나

7차 교육과정에 따른 수능의 변화

달라지는 2005학년도 수능

이 장에서는 세계화·정보화 사회를 맞이한 우리나라 청소년들이 배우고 있는 7차 교육과정의 주요 내용을 다룰 것이다. 지난 3년여에 걸친 교육개혁 사업으로 진행된 7차 교육과정은 능력과 적성·진로·흥미·필요 등에 따라 학생 스스로 교육을 선택한다는 기본 원칙을 제시하고 있다.

7차 교육과정은 2005학년도 대입전형부터 적용된다. 2005학년도 수

2005학년도 수능은 대학마다 수능을 반영하는 영역이나 과목이 달라 자신이 가고 싶은 대학을 빨리 정해야 한다. 그리고 해당 대학별 전형에 맞는 학습전략을 세워야 한다.

능시험은 기존의 수능체계와는 크게 달라진다. 그 중 눈에 띄는 주요 변화로는 학생 자율에 의한 영역 및 과목 선택, 직업탐구영역의 추가, 원점수를 대신한 표준점수제의 도입 등을 들 수 있다.

【 **수능 구조의 변화** 】 2005학년도 수능에서 가장 주목할 만한 변화는 시험 영역과 과목을 학생 스스로 선택한다는 것이다. 이에 따라 인문계·자연계·예체능계 등 계열 구분이 없어

2005학년도 대학수학능력시험 영역별 출제범위		
영역		**출제범위**
언어		• 범교과적 소재를 활용
수리 (택1)	가 형	• 수학I + 수학II + (미분과 적분, 확률과 통계, 이산수학 등 3개 과목 중 택1)
	나 형	• 수학I
외국어(영어)		• 범교과적 소재를 활용하여 출제
사회 · 과학 · 직업 탐구 (택1)	사회탐구	• 한국지리, 세계지리, 경제지리, 한국 근현대사, 국사, 세계사, 법과 사회, 정치, 경제, 사회문화, 윤리(윤리와 사상 + 전통윤리) 등 11개 교과목 중 최대 택4
	과학탐구	• 물리I, 물리II, 화학I, 화학II, 생물I, 생물II, 지구과학I, 지구과학II 등 8개 과목 중 최대 택4(단, 물리II, 화학II, 생물II, 지구과학II 등에서는 최대 2과목만 선택 가능)
	직업탐구	• 농업정보관리, 정보기술기초, 컴퓨터일반, 수산해운정보처리 등 4개 컴퓨터 관련 과목 중 택1
		• 농업이해, 농업기초기술, 공업입문, 기초제도, 상업경제, 회계원리, 해양일반, 수산일반, 해사일반, 인간발달, 식품과 영양, 디자인일반, 프로그래밍 등 13개 전공 관련 과목 중 최대 택 2
제2외국어 · 한문		• 독일어I, 프랑스어I, 스페인어I, 중국어I, 일본어I, 러시아어I, 아랍어I, 한문 등 8개 과목 중 택1

지고, 수험생은 지원하고자 하는 대학에서 요구하는 영역과 과목을 선택해 응시하면 된다. 출제는 고등학교 2~3학년 때 배우는 심화선택과목을 중심으로 진행된다. 그러나 심화선택과목은 고교 1학년까지의 국민공통 기본교육과정을 기초로 구성된다. 따라서 국민공통 기본교육과정도 간접적으로 출제범위에 포함된다.

수능의 각 영역에도 변화가 있다. 사회·과학탐구영역에 실업계 고교생을 위한 직업탐구영역이 신설된다. 그리고 수능시험 시간에서도 변화가 있는데, 탐구영역이 4교시, 외국어(영어)영역이 3교시에 치러진다.

1) 언어영역

언어영역은 범교과적 소재를 활용하여 출제하고, 범위를 특정 교과목으로 한정하지 않는다. 원점수 총점은 120점에서 100점으로 줄어든다.

2) 수리영역

수리영역은 '가'형과 '나'형을 선택한다. '가'형은 수학I·II 등 필수과목 외에 미분과 적분·확률과 통계·이산수학 등 3개 과목 중 한 과목을 선택해야 하며, '나'형은 수학I만 치른다. 자연계 학생은 가형을, 인문계 학생은 나형을 선택하면 된다.

총점은 80점에서 100점, 주관식 문항이 6개에서 9개로(20%→30%)로 늘어난다. 2004학년도 수능에서는 2점과 3점짜리 30문항에 총점은 80점이었다. 하지만, 2005학년도 수능에서는 문항 수의 변화 없이 총점만 100점으로 늘어, 문항 점수가 1·2·3점 또는 2·3·4점으로 변경될 것으로 보인다. 예년에도 수험생 간 큰 폭의 성적 차이를 나타냈던 수리영역은 2005학년도 수능에서 문항 간 점수 차가 1~2점 이상 변하기 때문에 앞으로 변별력이 더욱 커질 것이다.

3) 외국어(영어)영역

외국어영역은 공통영어뿐 아니라 공통영어 밖에서도 출제된다. 원점수 총점은 80점에서 100점으로 늘어난다.

4) 사회 · 과학 · 직업탐구영역

탐구영역에서는 총점이 종전 120점에서 200점(최대 4과목 선택)으로 크게 늘어난 점과 실업계 출신을 위한 직업탐구의 신설이 가장 눈에 띈다. 기존의 사회탐구 · 과학탐구 · 직업탐구 중 한 영역을 고르고, 각 영역별로 최대 3~4과목까지 선택하는 것이다. 그러나 직업탐구는 일반계 학생들의 선택을 막기 위해 실업계열 전문 교과를 82단위 이상 이수한 학생들만 선택할 수 있도록 했다.

사회탐구영역은 한국지리 · 세계지리 · 경제지리 · 한국 근현대사 · 국사 · 세계사 · 법과 사회 · 정치 · 경제 · 사회문화 · 윤리(윤리와 사상+전통윤리) 등 11개 과목 중 최대 4과목을, 과학탐구영역은 물리I · 물리II · 화학I · 화학II · 생물I · 생물II · 지구과학I · 지구과학II 등 8개 과목 중 최대 4과목(물리II, 화학II, 생물II, 지구과학II 과목은 최대 2과목만 선택가능)을 선택하여 시험을 볼 수 있다. 직업탐구영역에서는 특정 과목에 몰리는 것을 막기 위해 컴퓨터 관련 4개 과목(농업정보관리 · 정보기술기초 · 컴퓨터일반 · 수산해운정보처리) 중 최대 한 과목을, 전공 관련 13개 과목(농업이해 · 농업기초기술 · 공업입문 · 기초제도 · 상업경제 · 회계원리 · 해양일

대학명	영역		문항 수	시험시간(문항당 시간)	문항형태
1교시 (08:40~10:10)	언어		60문항 듣기평가 6문항 포함	90분(1.5분)	5지선다형
2교시 (10:40~12:20)	수리	'가'형	30문항 수학I 40%, 수학II 40%, 선택 20% 정도	100분(3.3분)	5지선다(70%), 단답형(30%)
		'나'형	30문항 수학I 100%	100분(3.3분)	5지선다(70%), 단답형(30%)
3교시 (13:20~14:30)	외국어(영어)		50문항 듣기·말하기 17문항 포함	70분(1.4분)	5지선다
4교시 (15:00~17:00)	사회 · 과학 · 직업 탐구 (택1)	사회 탐구	과목당 20문항 20문항×최대 4과목	최대 120분: 과목당 30분 (1.5분)	5지선다
		과학 탐구	과목당 20문항 20문항×최대 4과목	최대 120분: 과목당 30분 (1.5분)	
		직업 탐구	과목당 20문항 20문항×최대 3과목	최대 90분: 과목당 30분 (1.5분)	
5교시 (17:30~18:10)	제2외국어· 한문		과목당 30문항	40분 (1.33분)	5지선다

※ 2005학년도 수능에서는 예전과는 달리 탐구영역이 4교시로, 외국어영역이 3교시로 옮겨졌다.

반·수산일반·해사일반·인간발달·식품과 영양·디자인일반·프로그래밍) 중 최대 두 과목까지 고를 수 있다.

　탐구영역에서는 3~4과목까지 선택할 수 있기 때문에 과목 간 가중치 조정이 없을 경우, 사회탐구와 과학탐구영역의 비중이 언어·수리·외국어영역보다 커질 수 있다는 점을 수험생들은 유의해야 한다. 사회탐구와 과학탐구영역에서 각각 4과목씩을 반영하는 대학에서는, 영역별 가중치 조정이 없으면 사회탐구와 과학탐구영역의 표준점수 총점 범위가 언어와 수리, 외국어영역의 두 배에 이르는 0~400점이 된다.

【 표준점수제 시행 】

표준점수제는 '선택형 시험'인 2005학년도 수능에 맞추어 선택에 따른 난이도 차이를 해결하기 위해 도입된다. 수험생 개인이 받은 원점수에서 영역·과목별 전체 응시생의 원점수를 뺀 값을 해당 과목의 표준편차로 나누는 과정을 통해 표준점수를 구할 수 있다.

자세한 내용은 8장 '대입정보'에서 소개하겠다.

【 시험 당일 주의사항 】

지금까지는 인문·자연·예체능 계열 정도로 나누어 시험을 치르면 되었다. 하지만 2005학년도 수능부터는 학생이 영역과 과목을 선택하기 때문에 시험 당일 각별한 주의가 필요하다. 수리영역과 탐구영역, 제2외국어·한문의 선택과목을 모두 시험지 하나로 묶었을 때에는, 수험생이 착각한 나머지 자신이 선택한 과목과 시험지의 다른 과목을 풀 수 있다. 그리고 수십 개나 되는 선택과목에 따라 고사장을 배치할 경우에는, 수험생이 고사장을 찾는 데 혼선을 빚을 수도 있다.

앞으로 수험생은 시험 방법에 대해 어떤 발표가 나올지 각별한 관심을 가져야 하며, 자신이 치를 시험에 대해 확실하게 알고 있어야 한다.

2005학년도 대학수학능력시험 시행계획을 잡아라

• 한국대학교육협의회 홈페이지(www.kcue.or.kr)에 들어가면 대학별 전형 계획을 볼 수 있다.
• 한국대학교육협의회는 2003년 12월 20일까지 대학별 전형 계획 최종 사항을 집계·발표한다.
• 한국교육과정평가원은 2003년 12월 4일에 시행될 '2005학년도 대학수학능력시험 예비평가' 결과를 바탕으로 2004년 3월에 「2005학년도 대학수학능력시험 시행계획」을 발표할 예정이다.

2 chapter

언어영역

많이 읽고, 많이 생각하고, 많이 써보자

Profile 이만기

| 메가스터디 언어영역 강사 | 전 EBS 언어영역 강사 | 전 인천 문일여고 국어교사 |

국어공부의 핵심은 글읽기 능력이다. 2005학년도 언어영역을 준비하는 고교생들 역시 독해 능력을 발휘해야 좋은 점수를 얻을 수 있다. 이러한 특징은 기존의 6차 교육과정에서 언어영역이 강조하는 내용과 크게 다르지는 않다. 언어에 대한 감각과 능력은 하루아침에 길러지지 않는다. 효율적인 언어영역 학습법을 세우고 꾸준히 노력해야 높은 점수를 얻을 수 있다.

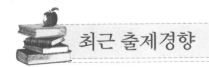

언어영역의 출제 흐름은 지문보다 문제 자체의 난이도 조절, 문학 사적으로 대표성을 지닌 작품 선정, 실생활과의 관련성 주목, 수행 평가식 문제 유형의 비중 상승, 시각화된 자료의 활용이라고 할 수 있다.

지난 해 수능 언어영역에서는 논리적이고 창의적인 사고를 요구하는 문항이 비교적 많이 출제되었다. 또 지문과 답지의 길이가 길어지고, '보기'를 제시하며 복합적인 사고를 요구하는 문항의 비중도 높아졌다. 예컨대 '듣기'와 '쓰기'에서 스포츠·옷 광고·디지털 방송·출생률 저하 현상 등 생활밀착형 문제와, 시를 완성시키라는 창조력 평가 문제 등이 눈에 띄었다.

비문학에서는 통합 교과적 문제가 많아졌고, 문학에서는 《농가》, 《창선감의록》 등 수험생에게 다소 생소한 지문도 출제되었다. 현대소설에서는 드라마 세트 그림을 제시하고 카메라 배치를 묻는 이색 문제가 나왔다.

이 같은 출제경향을 종합해 볼 때, 이제 수능은 더 이상 얕은 지식을 요구하지 않음을 알 수 있다. 그 본래 취지에 맞게 고차원적 사고 능력과 문제 해결력을 요구하는 경향이 강해지고 있는 것이다.

제재별로 지금까지 출제된 언어영역의 특징을 자세히 살펴보자.

【 문학 】

1) 시

대개 두 편 또는 세 편의 시를 서로 연결하여, '시' 라고 하는 텍스트를 제대로 읽어낼 수 있는 능력과 종합적인 감상 능력을 묻는 것이 가장 전형적인 출제 유형이라 할 수 있다. 이러한 능력을 평가하기 위해 선택되는 제재는 대개 국어 교과서나 문학 교과서 내의 작품 또는 교과서 밖의 비교적 잘 알려진 작품이다. 지난 해 수능에서는 잘 알려진 교과서 외의 작품들이 출제된 것이 눈에 띈다.

2) 소설

문학사적으로 의미 있는 작가의 작품 가운데 비교적 사건의 완결성이 뛰어난 지문이 제시된다. 장편소설은 작품의 핵심 갈등을 보여주는 부분이나 작품의 주제를 드러내는 부분이 주로 출제되고 있어, 이에 대한 전략적인 접근이 필요하다. 지난 해에는 이문구의 《관촌수필》을 드라마로 만들 경우 세트를 만들고 카메라를 이동하는 문제라든가, 아버지 전기문을 시조를 이용하여 만드는 것 등 다각적인 방향에서 출제되었다.

3) 수필 · 희곡

수필은 매번 비중 있게 다루어진다. 지문을 분석해 보면 길 · 나무 · 남산골샌님 · 웃음 · 자장면 · 특급품 등과 같이, 글쓴이의 특정 대상에 대한 예리한 관찰과 깊이 있는 사색이 잘 드러나면서 교훈적인 의미를 담은 글이 많다는 점을 알 수 있다. 희곡은 2001학년도부터 출제되기 시작했고, 2003학년도에는 최인훈의 〈둥둥 낙랑둥〉이 출제되었다.

【 인문 】 지금까지 출제된 지문을 살펴보면, 인문학의 전 분야에서 고르게 출제되고 있는데, 대부분 전문적 내용보다는 고전적이면서도 보편적인 주제를 다루고 있는 글들이다. 인문학의 학문적 특성상 아무리 보편적인 주제나 개념이라 할지라도 필자의 주관이 강하게 반영된 글들이 많다. 주어진 글에서 기본적인 정보를 취득할 수 있는 능력과 내용 분석을 통해 필자의 관점을 파악하고, 이를 비판적으로 수용할 수 있는 능력을 평가하는 데 출제경향이 맞추어져 있다.

【 사회 】 정치 · 경제 · 사회 · 문화 · 여성 문제 · 지리 · 국제관계 등 다양한 분야를 망라하며, 시사성이 강한 글, 논리적인 글, 정보를 설명한 글 등이 출제되어 왔다. 전문적인 이론이나 지식에 관한 것이 아니라서 이해하기에 어려움은 없었다. 지금까지의 출제경향으로 볼 때, 우리 사회가 겪고 있는 당면 문제

들에 대해 주의할 필요가 있다. 2003학년도에는 고(古)지도인 '혼일강리역대국도지도'를 제시하고, 이에 대한 이해를 바탕으로 보기로 주어진 지도의 해석을 요구하는 문제가 출제되기도 했다.

【 과학 】

수능은 통합 제재를 사용하여 단순한 암기력이 아닌 사고력을 측정하고자 하는 취지를 갖고 있다. 과학 분야는 이와 같은 수학능력시험의 취지를 가장 잘 활용할 수 있는, 다른 제재와의 통합적인 문제가 많이 출제되고 있다. 학교에서 과학 시간에 배우는 지식 위주의 글보다는 다른 영역과 연관된 내용의 과학적인 글을 읽되, 개념의 정확한 이해에 초점을 맞추는 최근 출제경향에 유의하도록 한다. 2003학년도에는 가설에 관한 문제가 출제되었다.

【 예술 · 기타 】

예술 분야로 분류될 수 있는 영역은 음악 · 미술 · 연극 · 영화 · 사진 · 공예 · 만화 · 무용 · 스포츠 · 연예 등 다양하지만, 대표적인 영역은 음악과 미술 분야다. 따라서 이 분야의 출제 빈도가 높다. 2003학년도에는 좀 생소한 '해프닝'에 관한 문제가 출제되었다. '해프닝' 예술을 소재로 한 45번 문항은 미국 작가 올덴버그의 작품 〈거대한 담배꽁초〉를 사진으로 싣고, 이 작품의 표제와 부제를 이끌어내라는 문제가 출제되었다.

26

7차 교육과정의 언어영역 이해

수험생은 언어영역을 가장 쉽게 생각하는 경향이 있다. 다른 영역에서처럼 특별한 공식을 외우거나 그래프를 분석하는 등 복잡한 학습 과정이 없기 때문이다. 특히 2005학년도 수능에서는 언어영역의 배점이 120점에서 100점(원점수 기준)으로 줄어들어 더욱 쉽게 생각할 수도 있다. 수능에서 가장 기본적인 학습이 언어영역이라는 점을 잊지 말고, 효율적인 학습방법을 통해 꾸준한 노력을 아끼지 말아야 한다.

2005학년도 수능 언어영역에서는 여러 지문을 보여주는 형식의 문제가 출제될 것으로 여겨진다. 다양한 형태의 지문을 충분히 이해할 수 있는 실력을 갖추고, 문제를 빠르게 풀어나가는 것이 고득점으로 가는 지름길이다. 시험시간이 90분이므로 충분하다고 생각할지 모르지만, 문항 수(60개) 또한 모든 영역 가운데 가장 많기 때문에, 문항당 시간 배정에 각별히 주의를 기울여야 한다. 이 같은 준비 없이 시험을 치른다면, 지문을 읽는 데 시간을 허비하다가 끝내 문제를 제대로 풀지 못하고 마는 경우가 많이 나타날 수 있다.

특히 2005학년도 수능은 특정 교과에 한정되지 않고, 범교과적 소재를 활용하여 출제될 전망이다. 따라서 처음 접하는 지문이 나올 가능성도 매우 높다. 생소한 지문을 침착하게 읽고, 전체적인 내용을 빠르게 파악하는 것이 중요하다.

그리고 외국어영역과 같이 언어영역에도 듣기평가가 6문항이나 포함되어 있다. 우리말이니까 쉬울 것이라고 선뜻 생각한다면, 이는 큰 오산이다. '보면서' 이해하는 것은 쉬워도, '들으면서' 이해하는 것은 우리말이라 하더라도 매우 어렵다. 듣기평가에서는 한 번 지나가면 다시 들을 수 없기 때문이다. 평소에 '듣기' 연습을 많이 해두어야 한다.

2005학년도 수능 언어영역 대비법

언어영역은 여느 영역과 달리 2000학년도 수능에서부터 해마다 서로 비슷한 출제경향을 보여왔다. 최근 들어서는 얕은 지식보다 고차원적 사고능력과 문제 해결능력을 요구하는 수능의 본래 취지에 맞게 지식 영역이 확대되고 있다. 지식 영역으로의 확대는 7차 교육과정이 적용되는 2005학년도 수능에서도 변하지 않을 것이다. 이 변화에 대비하는 학습방법은 다음과 같다.

첫째, 지난 3년 간의 수능 기출문제를 처음부터 끝까지 반드시 풀어본다. 이것은 출제 유형과 예상 난이도를 전망하는 데 필수 자료다. 기출문제를 통해 수능문제의 유형을 익히는 전략이 중요하다.

둘째, 학교수업에 충실해야 한다. 수능에서는 교과서 밖 소재가 활용되고, 사고력과 문제 해결력 위주로 출제되지만, 이런 것도 수업 내용이 기본이 된다. 최근에는 교과서의 기본개념과 원리를 알아야 해결할 수 있는 문제가 많이 출제되고 있다. 따라서 학교수업을 통해 각 과목의 핵심개념·원리·법칙 등을 철저히 학습하고, 이를 실생활에 적응하는 능력을 기르는 것이 필요하다. 특히 새 교과서에 처음 실린 지문을 꼼꼼이 정리해야 한다.

셋째, 모의고사를 통해 문제집을 가지고 정해진 시간 안에 문제를 푸는 훈련을 해야 한다. 이러한 문제집 풀이의 습관은 실전훈련뿐 아니라 학습 방향, 부족한 과목이나 단원까지 적절히 정리하고 활용하는 데 큰 도움이 된다. 틀린 문제유형을 중심으로 모의고사나 수능 직전에 다시 풀어보면 최종 정리에도 많은 도움이 된다.

넷째, 교과서를 철저히 공부하는 것도 좋은 방법이다. 최근 수능에서는 교과서 내용을 충분히 이해하고 있으면 해결 가능한 문제들이 많이 출제되었다. 이러한 출제경향은 앞으로도 지속될 것으로 보이므로 교과서를 통하여 기초를 다져보자.

다섯째, 문학 감상의 원리와 개념을 바탕으로 문학 제재에 대한 폭넓은 독서와 감상이 필요하다. 특히 최근 들어서는 1980년대 문학 제재까지 시험에 등장하고 있어 수업시간에 늘 다루는 1930~60년대 문학만 학습하는 것은 곤란하다. 그 이후 시대의 작품들도 두루 감상해 둘 필요가 있다. 아울러 문학의 장르적 특성도 알아두자. 시면 시, 소설이면 소설의 특성을 알아야 한다는 뜻이다.

여섯째, 발문용어에 대한 공부를 반드시 해야 한다. 수험생들을 지도하다 보면 자주 틀리는 문제에서는 공통적인 면이 발견된다. 즉 발문이나 답지에 나오는 용어의 의미를 잘 모른다는 것이다. 이를테면 '형상화, 함축적 이미지, 전제, 대조, 분류, 관조적……' 등과 같은 표현을 이해하지 못하면 문제를 풀기 어렵다.

일곱째, 시·도 교육청 연합모의고사에 주목하자. 올해 들어 몇 차례에 걸쳐 교육청이 주관하는 연합학력고사가 실시되고 있다. 9월에는 한국교육과정평가원이 주관하는 모의고사도 예정되어 있다. 시·도 연합학력고사나 평가원 주관 모의고사의 출제를 담당하는 교사들이 실제 수능에 참여할 것이므로, 이 시험에 대한 철저한 학습이 매우 중요하다.

끝으로, 신(新)유형을 고민해야 한다. 사실 신유형은 무궁무진하다. 그림 보고 줄거리 말하기, 줄거리를 읽고 그림으로 나타내기, 서정적 자아의 감정 변화를 그래프로 그리기, 등장인물의 심리를 좌표화하기, 시를 소설로 바꾸기, 소설을 시로 바꾸기, 등장인물에 대한 모의 인터뷰, 문학작품을 판매하고자 할 때의 유의점 등 상당히 많다. 하지만 신유형에 너무 신경을 쓰지 말기 바란다. 신유형은 기본적인 유형이나 개념에서 퍼져나가는 것일 뿐, 완전히 새로운 것이 아니다. 여러 유형이 나와도 출제자가 묻고자 하는 핵심은 기본에 관한 것이다. 신유형의 출발점은 모두 기본형 문제에 있다는 사실을 잊지 말아야 하겠다.

언어영역 향상의 지름길

[작가의 의도 파악]

언어영역은 '작가의 의도를 파악하는 것'이 중요하다. 글을 통하여 작가의 주장과 의도를 파악하는 것이 언어영역에 관한 글읽기의 첫걸음이다.

이를 위해서는 본문의 내용을 유추하여 읽는 자세가 필요하다. 유추를 통하여 작가가 '왜 이런 글을 썼는지' 그 의도를 파악할 수 있다. 따라서 글의 주제를 쉽게 도출할 수 있다. 혹시 고구마를 캐본 적이 있는가? 고구마를 캘 때에는 사방으로 뻗어나간 줄기를 한손에 움켜쥐고 힘껏 잡아당긴다. 그러면 주렁주렁 달린 뿌리들이 한꺼번에 따라나온다. 그 뒤에는 호미로 조심스럽게 흙을 헤치면서 남은 고구마 뿌리들을 캐낸다. 글을 읽고 주제와 요지를 찾아내는 일은 고구마의 줄기를 움켜쥐고 힘껏 잡아당기는 행위와 같다. 그리고 호미를 들고 줄기를 지탱하는 뿌리를 찾는 일은 주제와 요지를 뒷받침하는 세부 정보들을 파악하는 것에 비유할 수 있다.

주제를 찾기 위해서는 그 문단 전체에 걸쳐 되풀이하여 나오는 추상적인 단어에 주목해야 한다. 반복되는 추상어는 제재가 되는 것이 일반적이므로, 자주 반복되는 말에 대하여 '어떠하다'거나 '어떻게 해야 한다'고 말하고 있는지를 알아봐야 한다.

본문의 내용을 유추하다 보면 문단 파악이 가능하다. 여기에서 '문단 파악의 원칙'이 필요하다. 문단 파악의 원칙은 글을 문단별로 끊어 읽는 것이다. 대개 각 문단의 앞문장이나 뒷문장에 주제가 숨어 있게 마련이다. 특히 '그러나, 그러므로, 왜냐하면' 등의 접속어와 지시어를 잘 살펴보아야 한다. 접속사 앞뒤로 중요한 문장, 즉 주제가 숨어 있는 경우가 많기 때문이다.

작가의 의도를 파악하는 분야로 대표적인 것이 시와 소설이다.

우선 시를 살펴보자. 작가의 의도를 파악하면 해당하는 시와 관련된 문제는 모두 풀 수 있다. 무조건 외우지 말고, 시 속 화자가 되어 작가의 의도를 짐작해야 한다. 10~20분 정도면 충분히 한 편의 시를 감상할 수 있다. 이렇게 매일 한 편씩 시를 읽으면, 한 달 동안 무려 30편의 시를 자신의 것으로 만들 수 있다.

소설도 마찬가지다. 소설의 6하원칙이나 구성요소를 파악하고 인물과 사건, 배경에 초점을 맞춰 인물이 그 상황에서 왜 그런 행동을 했는지를 분석해 보면 작가의 의도를 알 수 있다. 인물의 심리와 사건의 전개, 갈등관계 등을 조목조목 정리해 나가다 보면 소설의 배경을 이해하게 되고, 그 소설을 완전히 자신의 것으로 만들 수 있다.

또한 글을 비판적 시각으로 읽는 것도 효과적인 학습방법이다. 논리적으로 타당한지, 사회적·윤리적으로 옳게 씌었는지, 효용성이 있는지에 대해 비판적으로 접근할 필요가 있다. 이와 같은 접근을 통하여 작가의 의도를 명확하게 파악할 수 있다.

어휘를 많이 알아야 한다

국어는 어휘를 많이 아는 것이 힘이다. 어려운 어휘가 나오면 꼭 국어사전을 들춰보자. 언어영역 강사인 필자도 국어사전을 끼고 산다. 또 종류별로 다양한 국어사전을 늘 참고한다. 경우에 따라서는 국어사전에 나오는 어휘들을 달달 외워야 한다. 영어 어휘에 투자하는 시간만큼 국어 어휘에도 시간을 투자해 암기해야 한다. 특히 우리말의 3분의 2가 한자어인 만큼, 한자를 많이 알면 어휘의 뜻을 파악하는 데 많은 도움이 된다. 그러므로 어휘를 익히고 사전을 찾아볼 때 한자도 눈여겨보면서 익히도록 하자.

날마다 일기를 쓰자

언어영역 학습에서 권하고 싶은 방법은 규칙적으로 일기를 쓰라는 것이다. 축구 경기를 보는 눈을 기르고 싶다면, 자신이 직접 축구를 해보면서 축구가 어떤 운동인지 직접 느끼는 것보다 더 좋은 방법은 없다. 글을 이해하는 것도 마찬가지다. 많은 글을 읽으면서 글을 이해하는 능력을 기르는 것도 좋지만, 스스로 글을 써보면서 글이 어떻게 씌어지는지 직접 느끼고 배우는 것이 더 중요하다. 그래야 어떤 과정을 거쳐 글이 씌어지는지도 알게 되고, 작품을 읽을 때 작가가 어떤 마음을 가지고 글을 썼는지 좀더 효과적으로 이해할 수 있다.

처음에는 아주 짧고 간단한 일기라도 좋다. 자신의 생각, 느낌들을 솔직하게 적어가다 보면 자연스레 문장력과 표현력이 늘게 된다. 이러한 일기 쓰는 습관은 국어 실력 향상뿐 아니라, 일상 생활을 잘 해나가고 자신의 내면을 가꾸는 데에도 큰 도움을 준다.

독서는 언어영역의 배경 지식이다

독서는 언어영역의 배경 지식이다. 수험생들이라면 시험을 볼 때 예전에 읽었던 글이 관련 지문으로 출제되면 쉽게 문제를 푼 경험이 있을 것이다. 이런 경험은 독서를 통해 쌓은 배경 지식이 있기에 가능했다.

비문학의 경우 자신이 읽은 책에서 지문이 나올 가능성은 거의 없다. 하지만 폭넓게 독서를 하고 정확하게 독해하는 훈련을 꾸준히 한다면, 실전에서 어떤 주제의 지문이 나와도 당황하지 않고 그 글에 접근할 수 있다.

또한 오랫동안 독서 습관을 기르면 언어영역 시험 90분 동안 여러 페이지에 걸친 글을 읽는 게 그다지 힘들지 않을 것이다.

문제풀이에만 매달리는 것은 금물이다

언어영역에서는 다짜고짜 문제만 많이 푼다고 해서 실력이 늘지 않는다. 문제풀이에 지나치게 매달리는 학생들의 성적은 제자리를 맴도는 경우가 많다. 특히 실전

모의고사 문제집을 풀 때 그렇다. 필자가 지도한 한 학생은 언어영역에서의 고득점을 위해 실전 모의고사 문제집을 한 달 동안 세 권이나 풀었는데도 오히려 점수가 10점 하락했다.

왜 이런 모순이 생기는 것일까? 문제를 푼 뒤 답만 맞추어볼 뿐, 그 문제에 대한 반성과 고찰을 제대로 하지 않았기 때문이다. 사실 한번 풀어본 문제를 다시 한번 살펴보면서 무엇이 잘못되었는지, 그리고 내가 어떤 부분을 놓쳤는지 집중하여 살펴보는 일은 결코 쉽지 않다. 이는 노력이 많이 들기 때문에 귀찮게 느끼게 마련이다. 그렇지만 언어영역을 효과적으로 공부하려면 반드시 이와 같은 과정을 거쳐야 한다. 단 한 문제를 풀더라도, 문제를 풀고 답을 살핀 뒤에 재차 지문을 읽어보고, 문제의 유형은 어떠했으며, 어떤 식으로 문제에 접근해야 좋을지를 다시 한번 살펴보는 복습을 꾸준히 할 필요가 있다.

〔 수준별 학습전략 〕

1) 60점 이하의 하위권 학생

교과서를 통해 기본 개념들을 정리하면서 지문을 독해하는 연습이 바람직하다. 우선 지문을 정확히 이해하기 위해서는 사실적 사고유형에 관심을 가져야 한다. 쓰기 문제는 유형별로 접근방법을 정리해 본다. 또 고질적인 시간 부족 문제를 해결하려면 정해진 시간 내에 문제를 푸는 연습을 해야 한다.

2) 60~80점의 중위권 학생

듣기와 쓰기 문제를 놓치지 말아야 한다. 시험 초반에 흔들리면 언어

시험 전체에 영향을 받을 수도 있고, 듣기와 쓰기 문제를 놓치면 100점 이상을 노리기도 힘들기 때문이다. 또 교과서 지문과 주요 문학작품의 핵심 내용을 알고 있어야 한다. 이는 언어영역에서 필요로 하는 배경 지식이 될 수도 있고, 아는 지문이 나왔을 경우 시간도 절약할 수 있는 방법이다. 100점 이상의 고득점으로 도약하기 위해서는 추리·상상적 사고유형의 문제를 공략해야 한다. 이런 영역의 문제에 접근하는 방식을 파악하여 자기 것으로 소화하는 연습을 하자.

3) 80점 이상의 고득점 학생

문제를 틀릴 때, 몰라서 틀리는 경우보다 실수로 틀리는 경우가 많다. 따라서 상위권 학생에게는 실수를 줄이는 연습이 무엇보다 필요하다. 특히 일정 정도의 암기력을 요구하는 고전 분야에서 실수를 줄이는 연습을 해야 한다. 그리고 기출문제를 통하여 정답의 근거를 정확히 파악하는 연습을 하는 한편, 어휘력 문제에도 관심을 기울인다. 일정 수준의 실력을 갖춘 학생들은 문제풀이를 소홀히 하는 경우가 있는데, 언어영역은 감각이 중요하므로 문제풀이를 소홀히 해서는 안 된다. 꾸준한 문제풀이를 통하여 감각을 유지시켜야 한다.

3
chapter

수리영역

효율적으로 문제를 풀자

Profile 한석현

| J&J 교육미디어 수리영역 강사 | 전 EBS 수리영역 강사 |

수학은 일부 학생들에게는 전략과목이지만, 대부분의 학생들에게는 피하고 싶은 과목이다. 하지만 7차 교육과정을 반영하는 2005학년도 수능에서 수리영역의 배점은 종전 80점에서 100점으로 늘어, 그만큼 비중이 커졌다. 아울러 주관식 비율도 20%에서 30%로 늘어, 난이도가 가장 높은 과목이 될 가능성이 높다. 그렇다고 수리영역을 두려워하지는 말자. 그 동안 수학에 대해 잘못 생각하고 있는 부분을 수정하고, 문제를 효율적으로 풀 수 있는 노력을 꾸준히 하면 좋은 점수를 얻을 수 있다.

최근 출제경향

최근 수리영역의 출제경향을 살펴보면 2001학년도 수리영역은 너무 쉬웠던 반면, 그 이듬해에는 너무 어려워 난이도 조절에 실패했다는 평가가 있었다. 2003학년도 수능시험은 난이도가 높은 문제가 출제되지 않은 적절한 수준이었고, 2004학년도 또한 그리 어렵게 출제되지는 않을 것으로 보인다.

대체로 수능에서는 계산능력 4~5문항, 이해능력 10~12문항, 추측능력 5~6문항, 증명능력 2문항, 내적문제 해결능력 3~5문항, 외적문제 해결능력 3~5문항으로 구성되어 있다.

단순히 문항 수로만 보면 이해능력을 평가하는 문제가 가장 많이 출제되고, 문제해결 능력을 평가하는 문제와 추론능력을 평가하는 문제가 그 뒤를 따르고 있음을 알 수 있다. 그러나 고득점을 얻기 위해서는 이런 경향을 전적으로 따져가며 공부하기보다는 출제 문항 수에 관계

없이 각 영역별로 대처하는 능력을 키우는 노력이 중요하다.

수능시험 결과를 살펴보면, 학생들은 문제해결능력 영역과 최근 들어 출제 비중이 높아진 추론능력을 가장 어려워하는 것으로 나타났다. 이러한 수리영역에 대비하는 방법으로서 고등학교 1학년생의 경우에는 내신에 주력해야 한다. 중간·기말고사에 대비하면서 반복해서 문제를 풀어보자. 2학년에 올라가면 내신 준비와 함께 앞에서 소개한 방법으로 본격적인 수리영역 대비에 들어가야 한다. 특히 자연계 학생들은 수학에 많은 시간을 투자해야 한다.

【 수리영역 문제분석 】

수리영역을 세분화해서 좀더 구체적으로 살펴보자. 계산능력 부문은 간단한 공식만으로도 문제가 해결되고, 배점은 대부분 2점이다.

이해능력 부문은 기본적인 개념과 원리 및 법칙에 대해 정확히 이해하고 있는지를 묻는다. 이 부문은 거의 전 단원의 기초가 되기 때문에, 단순히 이해하고 넘어가는 수준에서 벗어나 재해석을 통하여 적용할 수 있는 응용력까지 요구된다. 기호 및 부호와 도형, 그래프 등 수학적 표현 및 이들 사이의 상호관련성에 유의해 문제를 풀어야 한다. 2점과 3점짜리 문항이 각각 절반씩 출제된다.

추론능력 부문은 귀납적·연역적·개연적 추론 등으로 나눌 수 있지만, 주로 주어진 몇몇 사실로부터 일반적인 결과를 이끌어내는 귀납적 추론에 대한 문제가 출제된다. 수열·함수·수와 식 단원이 이 부문에 가장 근접해 있다.

증명능력 부문에서는 증명과정의 흐름을 얼마나 파악하고 있는지를 묻는 문제들이 출제된다. 제시된 문제의 앞뒤 문맥을 잘 살핀다면 충분히 해결할 수 있다.

내적문제 해결능력 영역에서는 두 가지 이상의 개념과 원리 및 법칙을 재구성해서 문제를 풀어야 해답을 구할 수 있다. 그러므로 단순한 공식 암기나 계산만으로는 문제를 풀 수 없다.

마지막으로 외적문제 해결능력은 수능시험의 큰 특징인 통합교과적 소재의 응용문제를 해결하는 부문이다. 최근 5년 간의 수능시험을 분석해 보면 3문항 정도가 출제되었다.

일선 교사나 입시 전문가들은 한결같이 2005학년도 수능의 가장 큰 변수로서 수리영역을 꼽고 있다.

따라서 수험생은 수리영역에서 새롭게 바뀌는 네 가지 사항을 꼭 알아두어야 한다.

첫째, 앞으로 더욱 어려워진다는 점이다. 고교 2·3학년 때 배우는 심화선택과목의 심화 문제 위주로 출제될 전망이다. 따라서 문제를 해결하는 데 많은 어려움이 예상된다. 상위권 학생뿐 아니라 하위권에서 중위권으로, 중위권에서 상위권으로 올라가기 위해서는 자신과 성적이 비슷한 학생보다 수학에서 높은 점수를 얻어야 한다.

둘째, 다른 영역보다 문항 간 배점 격차가 상대적으로 크다는 점이다. 수능의 기본인 언어·수리·외국어영역만 놓고 보더라도 이를 확실히 알 수 있다. 언어·수리·외국어영역은 모두 원점수 배점(100점)

이 같지만, 문항 수에서 각각 차이가 있다. 언어영역은 60문항, 외국어 영역은 50문항인 반면, 수리영역은 30문항밖에 되지 않는다. 문항은 적은데, 배점은 똑같다. 이는 문항당 점수가 1점에서 최대 4점까지 벌어진다는 것을 뜻한다. 심화 문제 위주로 출제된다면, 난이도가 높은 4점짜리 문항도 여럿 나타날 것으로 보인다. 즉 배점이 큰 문항을 틀릴경우, 다른 영역에서 그 이상의 문제를 맞혀야 하는 어려움이 생기는 것이다.

셋째, 주관식 출제 비율이 20%(6문항)에서 30%(9문항)로 증가했다는 점이다. 수능에서 주관식 문항이 출제되는 영역은 수리영역뿐이다. 주관식 문항은 이른바 '찍기'도 불가능하다. 앞으로 수리영역의 주관식 문항은 고득점을 바라는 상위권 학생들 사이에서도 그 점수 차이를 크게 벌려놓을 수 있을 것이다.

마지막으로, 2005학년도 수능에서는 표준점수제가 도입된다는 점이다. 표준점수제는 수험생이 응시하는 영역(과목)이 서로 다르기 때문에, 영역(과목) 간 난이도를 조절하기 위해 도입된 것이다. 표준점수제가 반영되면 평균점수가 낮고 표준편차가 작은 과목일수록 고득점자에게 유리해진다. 어려운 과목에서 좋은 점수를 얻으면, 표준점수가 훨씬 높아지기 때문이다. 동일한 원점수라 할지라도 표준점수로 계산을 하면, 어렵게 출제된 수리영역에서 얻은 점수가 상대적으로 쉬운 언어영역에서 얻은 점수보다 높게 나타난다.

효율적인 수리영역 학습법

7차 교육과정에 따른 수학의 올바른 학습법에 대해서 살펴보자. 그런데 수학 학습의 올바른 방법이 무엇인지에 대해 살펴보기에 앞서, 일부 학생들을 고민에 빠뜨리고 있는, 수학이 어려운 이유에 대해서 짚고 넘어가자.

수학을 못 하는 이유

수학을 어려워하고 수학점수가 좋지 않아 고민하는 학생들이 많다. "나는 왜 이렇게 못 하는 걸까?", "열심히 공부했는데 점수가 왜 이 모양일까?" 등과 같은 고민을 누구나 한번쯤은 해보았을 것이다. 수학은 왜 어렵고, 왜 점수가 잘 안 나오는 것일까? "수학에는 소질이 없다", "문과 집안이라서 온 식구가 수학을 못 한다" 등과 같이 그 원인은 다양하다. 하지만 이를 모두 수학을 못 하는 진정한 이유라고 할 수는 없다.

　어떤 교육학자가 수학을 잘 하는 학생 집단과 못 하는 학생 집단의 비교를 통하여, 과연 수학을 잘 하고 못 하는 이유가 무엇인지에 대해 조사해 보았다고 한다. 결론은 지능지수(IQ)나 집안 환경보다는 '공부하는 방법'에서 차이가 난다는 것이다. 다시 말해서 수학을 못 하는 학생은 공부하는 방법이 잘못되어 있거나 공부하는 방법이 전혀 없고, 수학을 잘 하는 학생은 올바른 방법 또는 자기 나름대로의 방법을 가지고 있다. 수학을 잘 할 수 있는지의 여부는, 결국 누가 올바른 방법으로 공부를 하느냐에 달려 있는 것이다.

【 수학에 대한 잘못된 세 가지 생각 】

수학에 대해 잘못된 생각을 가진 학생이 의외로 많다. 잘못된 생각 중 대표적인 세 가지와 그 수정 방안을 제시해 보았다. "나 자신도 그와 같은 생각을 하고 있는 것은 아닐까?" 하는 입장에서 꼼꼼이 살펴보기를 바란다.

1) 수학에는 공식이 많다?

'수학' 하면 가장 먼저 떠오르는 것이 공식이다. 수학에는 공식이 많기 때문에, 그와 같은 생각을 하는 것이다. 왜 수학에는 공식이 많다고 생각할까?

　약간만 응용해도 새로운 공식처럼 보이는 경우가 수학에는 많다. 따라서 학생들은 수학 문제를 풀 때마다 새로운 공식이 나타나는 것으로 생각한다.

어렸을 때, 플라스틱 모형을 만들어본 경험이 있을 것이다. 즉 비행기나 탱크, 자동차, 배 등의 프라모델을 조립해 보았을 것이다. 또 어렸을 때 가지고 놀았던 장난감 중에는 '레고'라는 것이 있다. 그렇다면 이 두 가지 놀이를 서로 비교해 보자.

조립식 장난감에는 수많은 부품들이 있고 그것을 하나씩 맞춰야 한다. 그 부품들은 저마다 모양이 달라서 구분을 위해 번호를 매겨놓았고, 맞추는 방법을 설명해 놓은 설명서가 있다. 설명서를 보면서 맞추면 하나의 완성품이 나온다. 반면에 레고는 단순한 몇 가지 형태의 부품밖에 없으며, 맞추는 방법도 단순하다. 그냥 끼우면 된다. 정해진 모양도 없어서 자기 마음대로 다양한 모양을 만들 수 있다. 조립식은 부품 하나하나의 용도에 대해 알아야 하지만, 레고는 몇 개의 용도만 알면 된다. 수학 문제를 푸는 일은 조립식 장난감과 레고 중에서 어느 것에 더 가까울까? 정답은 레고다.

수학의 매력은 단순한 몇몇 개념만 가지고 많은 문제를 풀 수 있다는 데 있다. 이차방정식을 예로 들어보자. 이차방정식과 관련된 수많은 문제를 풀어보았을 것이다. 그런데 이차방정식 문제를 풀 때 사용되는 원리는 '근의 공식', '판별식', '근과 계수의 관계' 등 세 가지가 전부다 (물론 '판별식'과 '근과 계수관계'는 근의 공식으로부터 만들어진 것이다). 지금까지 접한 수많은 이차방정식 문제는 이 세 가지 개념만 충분히 이해하고 있으면 모두 풀린다는 이야기다. 이차방정식뿐 아니라 다른 공식도 마찬가지다. 학생들은 미처 이 점을 알지 못한 채 조립식 장난감을 맞추듯 수학을 공부한다. 교과서는 기본 공식만을 제시하고 있다고 여기는 반면, 문제집에서는 문제를 푸는 해법에서 빨리 풀 수 있는 비결에

'기본'이라는 용어의 뜻을 정확히 해둘 필요가 있다. 국어사전에 보면 "기본이란 사물의 가장 중요한 밑바탕"이라고 정의되어 있다. 기본이라는 의미를 '쉬운'이라는 의미로 이해하고 가볍게 지나치는 학생들이 있다. 하지만 이는 잘못된 생각이다. 수학에서 기본이란 그 내용을 구성하는 요소를 의미한다. 다양한 레고 놀이에도 몇몇 기본적인 원칙이 있다. 바로 이와 같은 의미로 '기본'이라는 개념을 이해해야 한다.

이르기까지 모두 새로운 공식으로 제시하고 있다고 생각한다. 그래서 하나의 공식이 문제마다 새롭게 보이고, 한 단원을 공부하고 나면 외워야 할 공식이 산더미처럼 많다고 느낀다. 모든 공식이 중요하다고 느낀 나머지 머릿속에서 전혀 정리가 되지 않은 채 다음 단원으로 넘어간다.

그렇게 수학을 공부한다는 학생을 보면 안타까운 마음이 든다. 한 단원을 공부하면서 그 단원의 기본적인 개념이 몇 개인지 정리를 하고, 문제를 풀 때 그 정리한 내용을 적용하면서 어떻게 기본 개념들이 활용되는지 익히면, 그 개념들은 자연스럽게 터득된다. 동시에 응용문제에 대한 적응력도 키울 수 있다.

2) 풀이법만 외우면 문제가 풀린다?

어떤 공식을 어디에 적용하는지가 수학 문제풀이의 핵심이다. 그래서 많은 문제를 풀어보라고 하는데, 일부 학생은 문제풀이법을 모조리 외우려고만 든다. 하지만 공식 하나를 가지고 수십 개, 수백 개의 문제를 만들 수 있는데, 어떻게 문제마다 그 풀이법을 외울 수 있겠는가?

많은 문제를 풀어보라는 말은, 문제를 풀면서 유형을 찾아 익혀두라는 뜻이다. 유형을 익히면 공식을 대입하는 기술을 자연스럽게 터득할 수 있기 때문이다. 유형을 찾기 위해서는 "수학 문제의 풀이는 문제 안에 있다"라는 생각을 갖고 문제를 분석하는 능력을 길러야 한다.

문제를 풀 때나 막혔을 때 다음과 같은 네 가지 질문을 스스로에게 던져보라.

① 구하는 것이 뭐지?

② 주어진 것이 뭐지?

③ 이걸(주어진 걸) 어떻게 이용하지?

④ (이 문제와 관련해) 배운 것에는 뭐가 있지?

그리고 그 질문에 차근차근 대답하다 보면 풀이방법을 찾아낼 수 있을 것이다. 앞으로 문제를 풀 때마다 이를 적용해 보자. 그러면 자연스럽게 익힐 수 있을 것이다.

3) 문제를 많이 풀수록 점수가 오른다?

수학점수를 올리기 위해서는 문제를 많이 풀어야 한다. 하지만 많은 학생들은 지나치게 비효율적으로 문제를 풀기 때문에 그다지 효과를 얻지 못하고 있다. 예전에 풀었던 문제인데, 갑자기 그 해법이 생각나지 않거나 기억이 가물가물해 좀처럼 풀리지 않는 경우도 있다. 그 이유는 문제를 풀고 난 후의 학습이 잘못되었기 때문이다. 보통 문제를 풀고 나서는 해답을 맞추어본 다음, "아! 이렇게 푸는 거구나!" 하고 지나가고 만다. 이는 잘못된 학습태도다. 문제를 풀고 난 후에는 반드시 다음

수학의 기초 체력을 길러라

수학에 자신이 없는 학생들은 먼저 생각을 바꿔야 한다. 기초가 약한 학생들은 쉬운 문제를 풀어보면서 밑바탕이 되는 기본 개념들을 확실히 다지는 것이 좋다.

많은 학생들을 지도한 필자의 경험에 비추어보면, 수학학습에서 대단한 발전을 이루어낸 사람들은 흐트러짐이 없었다는 공통점을 가지고 있다. 늘 계획을 실천하고 성실하게 임하면, 놀라운 학습집중력이 생기게 된다. 여러분도 기본을 확실하고 꾸준하게 다져나가면 수학의 고수가 될 수 있다.

과 같은 질문을 스스로에게 던져보자.

"이 문제를 못 푼 이유가 뭐지?" "이 문제를 통해서 내가 알아둘 것은 뭐지?"

이처럼 문제풀이를 마무리한다면, 그 문제를 확실히 자신의 것으로 만들 수 있다. 그리고 틀린 이유를 기록한 '공식 노트', '오답 노트'를 만들어 반복해서 보면 다음에는 좀더 쉽게 문제를 풀 수 있다. 이러한 과정을 통해 문제풀이를 마무리하면, 무조건 많은 문제를 풀지 않아도 수학을 효과적으로 정복할 수 있다.

〔 수학공부에 성공하는 세 가지 비결 〕

첫째, '수학'이라는 과목의 특성에 맞게 공부를 해야 한다. 만일 문제를 많이 푸는 것이 도움이 되는 영어나 언어영역처럼 수학을 공부한다면, 수학 실력은 향상될 수 없다. 수학은 문제를 많이 푸는 것보다 공식과 유형을 이해하는 것이 더욱 중요하다.

둘째, 자신의 실력 또는 자신의 현재 단계에 맞게 공부해야 한다. 기초가 부족하다면, 기초부터 다지고 나서 응용문제를 풀어야 하며, 앞 단원의 학습이 어느 정도 소화되고 난 후에 다음 단원을 학습하는 것이 효과적이다.

셋째, 효율적이어야 한다. 물론 효율성을 생각하기 이전에 꾸준한 노력이 선행되어야 함이 공부의 가장 기본적인 원칙이다. 그러한 원칙 아래에서 비로소 효율성을 따질 수 있다. 하지만 시간을 많이 투자하면서도 효과를 보지 못하는 학생이 많다. 공식이 생각날 때나 보일 때마다 외우지 말고, 공식을 따로 적은 노트를 만들어 버스에서 자주 들여다보는 것과 같은 구체적인 대책을 세우는 것이 효율적이다.

4
chapter

외국어영역

재미와 흥미를 가지고 공부하라

Profile 이근철

| EBS 〈수능 외국어 영역〉 진행 | 《EBS 서바이벌 영어회화》 집필 및 진행 |
| EBS 〈장학퀴즈〉 영어 출제위원 | SBS FM 〈김민선의 1035〉의 '꼴뱅이 잉글리쉬' 진행 |

2005학년도 수능부터 외국어영역의 배점은 80점에서 100점으로 늘어났다. 종전에는 비교적 쉬운 공통영어에서 출제되었으나, 이제는 공통영어 밖에서 출제될 것으로 보여 난이도가 높아질 전망이다. 또한 영어는 평생 공부해야 할 분야이기에 더욱 신경을 써야 한다. 외국어영역에서는 문제를 풀기에 앞서 재미와 흥미를 갖는 학습 태도가 중요하다.

외국어영역은 듣기평가와 독해문제로 구성되어 있다. 독해문제는 읽기 · 이해 · 추론 등의 3단계로 나누어 볼 수 있다. 즉 영어구문의 듣는 능력, 이를 이해하는 능력, 또 이를 바탕으로 추론해 낼 수 있는 능력을 측정하는 문제가 각각 3분의 1의 비중으로 구성되어 있다.

외국어영역의 지문은 주로 문학 · 과학 · 실용문 · 시사적인 내용 등 통합교과적인 소재를 다루고 있다. 실용문이나 시사적인 글에는 특정 어휘가 자주 등장하기도 한다. 따라서 최근 신문에 많이 나오는 어휘에 관심을 가질 필요가 있다.

지금까지 외국어영역은 주로 공통영어에서 출제되었기 때문에, 고득점자가 다른 영역에서보다 상대적으로 많았다.

수능의 최근 출제경향을 좀더 구체적으로 분석해 보자.

먼저 개별 문제의 난이도가 높아졌다. 전통적으로 '사람 찾기'는 이른바 '보너스'로서 거저 주다시피 하는 문제였다. 2003학년도 수능에서는 지루할 정도로 관계없는 사람들을 일일이 나열하다가, 마지막에 가서야 비로소 정답이 될 사람을 소개했다.

2003학년도 수능의 듣기와 말하기 유형은 2001~02학년도보다 전반적으로 난이도가 상승했다. 외국어영역의 평균점수 하락도 이에 따른 결과라고 할 수 있다. 2004학년도나 2005학년도 수능 역시 '의사소통' 능력을 중시하는 수능의 원칙상 듣기와 말하기 문제의 절대 난이도 하락은 생각하기 어렵다. 오히려 난이도의 소폭 상승을 예상하는 것이 합리적이다.

어법 문제를 제외한 독해 문제는 지문의 길이, 어휘 수준, 독해 난이도 등 모든 측면에서 평이했다. 독해 분야의 특징으로는 먼저 신유형 문제가 등장했다는 점이 눈길을 끈다. 2003학년도 외국어영역의 31번 문항은, 사상 최초로 글을 읽고 그 내용에 맞는 그림을 찾는 것이었다. 41번 문항은 여섯 문장에 공통된 상황을 묻는 문제로서, 의사소통의 실용성을 강조한 좋은 신유형 문제라고 볼 수 있다.

또한 어법 문제의 난이도가 상승했다. 부사와 형용사의 차이, 관계대명사 which와 what의 차이(29번 문항), most와 almost의 차이 등 동사 편에 속하지 않는 문제들이 많이 출제되었다. 이 가운데 부사와 형용사의 차이를 묻는 문항을 틀린 학생들이 많았다.

7차교육과정의 외국어영역 이해

7차 교육과정에서 외국어영역의 가장 큰 변화는 원점수의 증가와 문제 출제의 범위 확대라고 할 수 있다. 먼저 원점수 배점이 80점에서 100점으로 늘어난 점을 주목해야 한다. 현행 수능에서 외국어영역은 50문항에 80점이었지만, 7차 교육과정이 적용되는 2005학년도 수능 외국어영역에서는 50문항에 배점은 100점이다. 문항 수의 변동 없이 원점수만 20점이 늘어났다. 문항당 점수가 현행 수능보다 더 높아지기 때문에, 전체 수능에서 외국어영역의 비중이 상대적으로 높아진 셈이다.

외국어영역에서 듣기 · 말하기는 전체 50문항의 33%인 17문항이 출제된다. 따라서 이 분야도 집중적으로 공부를 해야 한다. 듣기 공부에서는 외국인이 무슨 내용을 말하는지 빨리 파악할 수 있는 훈련을 지속적으로 실시해야 한다. 영어 테이프를 들을 때 들리는 단어만으로 상황을 그리는 연습이 필요하다. 벼락치기로는 듣기 점수가 향상되지 않으므로 꾸준한 학습이 요구된다.

출제 범위가 공통영어에서 전체 교과로 넓어지기 때문에 다양한 지문이 나올 것으로 예상된다. 지금보다 좀더 수준 높은 어휘력과 독해력, 그리고 사고력이 요구된다. 시험에 어떤 지문이 나올지 예상하기가 힘들다는 점을 감안하면서, 될 수 있는 한 많은 지문을 읽도록 한다. 지문의 수준 또한 어려워질 전망이며, 외국 서적과 정치 · 사회 · 문화 등 다양한 분야의 시사문제들을 담은 영자잡지나 신문을 꼼꼼하게 읽도록 한다.

외국어영역에서의 만점 획득 비결

【 **흥미를 가져라** 】 영어를 잘 하기 위해서는 고교 시절부터 영어에 흥미를 가져야 한다. 영어에 재미를 붙이면, 영어성적도 오르고 외국어영역의 점수도 상승한다.

따라서 고교생 입장에서는 평생에 걸쳐 배워야 할 영어를 놓쳐서는 안 되고, 대입 관문에서 큰 비중을 차지하고 있는 외국어영역을 포기해서도 안 된다. 필자가 받는 e-메일이나 편지 중에서 제일 기쁜 것은 "영어시험 점수가 올랐어요"보다는 "영어가 재미있어졌어요"라는 학생들의 반응이다. 영어는 재미가 있어야 한다.

초등학교 2학년 때 학교 근처에 외국인들이 즐겨 찾던 오래 된 유적들이 있었던 터라, 종종 외국인들을 보는 것이 그리 어렵지 않았다. 그 사람들은 어떤 생각을 하고 있을지 궁금했었다.

영어의 알파벳도 모르면서(당시는 영어에 대한 열기와 관심이 거의 없었다) 아버님께 그냥 한글로 인사말을 적어달라고 말씀드렸던 것이, 이제는 청소년들에게 도움을 줄 수 있게 되었다. 필자는 영어를 배울 때는 관심과 자연스러운 흥미가 그 밑바탕이 된다고 생각한다. 재미와 흥미가 무엇보다 중요한 것이다.

지난 일을 돌아 보면 초등학교 이후 중학교 때 민속촌에 가서 외국인들과 동전을 교환하고 편지를 쓸 주소를 받아왔던 일, 고교 시절 대학생들이 듣는 회화 테이프가 너무 재미있어서 며칠 만에 테이프 전체를 밤을 새워 들었던 일, 전철에서 외국인을 보면 놓치지 않고 말을 붙여가며 영어 회화를 연습했던 일 등등. 그 때 쾅쾅 뛰었던 심장소리는 지금까지도 느낄 수 있다.

한국의 많은 부모님들은 자녀들을 이것도 잘 하고, 저것도 잘 하는 슈퍼맨으로 만들고 싶어하지만, 사실 이것은 그리 바람직하지 않다. "물론 현재 상황에서 다른 집 아이들은 무엇을 하는데, 우리집 아이들만 뒤처지는 것이 아닌가?"라는 불안감이 들 수도 있다. 결국 판단의 기준은 바로 그 공부를 하는 아이들이 자연스럽게 무엇에 더 재능이 있는지 알 수 있도록 그 장을 마련해 주는 일일 것이다. 이를 무시한 채 억지로 공부만 강요하게 되면 결국 안 한 것만 못하게 된다. 억지로 시켜서 하는 영어공부는 분명 효과가 없을 것이다.

【 영어를 완벽하게 해야
한다는 강박관념을 버려라 】

영어를 완벽하게 해야 한다는 강박관념에 시달리는 학생을 많이 볼 수 있다. 동시통역사나 외국인처럼 영어를 잘 해야 한다는 부담 때문에 문장 하나까지 철저하게 외우고자 해서 진도가 안 나가는 경우가 많다. 오히려 그런 강박관념을 버리고 당장 외운다기보다 책을 여러 번 보아서 외우겠다는 생각으로 영어 공부에 임하는 것이 효과가 높다.

【 기출문제를 철저하게
외워라 】

18종의 검인정 영어 교과서가 외국어영역의 지문에 많이 활용된다. 모든 영어 교과서를 외울 수는 없지만, 적어도 서너 권의 영어 교과서를 소리내어 읽을 필요가 있다. 또한 1994년부터 실시된 수능 외국어영역 문제의 총 분량은 지금까지 기출문제가 10회분이니, 약 500문제가량 된다(1994년 수능은 1 · 2차로 치러짐). 기출문제의 지문 역시 읽으면 효과가 있다.

영어 교과서와 기출문제의 지문을 읽을 때에도 요령이 필요하다. 먼저 열 번 정도는 소리내서 읽어라. 이는 우선 독해능력 배양에도 좋지만 스스로 읽음으로써 듣기에도 효과가 있다. 기출문제의 지문을 읽으면, 외국어영역 풀이 감각을 기르는 데에도 금상첨화다. 열 번가량 읽으면 암기를 할 수 있는 지문이 생긴다. 그 다음에는 암기하고 있는 지문을 직접 써보라. 그러면 자연스럽게 쓰기 훈련이 된다. 이 과정은 외국어영역 출제경향인 듣기와 쓰기 분야의 강조와도 연결되는 방법론이다.

**기본문법사항을 정리하면서
영문법을 공부하라**

외국어영역에서 듣기를 제외하면 문제의 90% 이상이 독해이고, 문법에서는 한 문제밖에는 출제가 안 된다. 그럼에도 불구하고 수험생들이 이런 고민을 하는 이유는, 단어를 알아도 독해를 제대로 해낼 수 없기 때문이다.

수능을 위해서는 두꺼운 영문법 책보다는 기본문법사항의 정리를 통해 계속 읽으면서 문법의 원리를 이해하는 것이 좋다.

**머릿속에 넣은 영어를 밖으로
내놓는 것이 중요하다**

영어를 머리에 넣기만 하면 안 된다. 머리에 넣기만 하니까 외국인이 앞에 있을 때 어려움을 겪는 것이다. 머리에 영어가 들어온 만큼 영어로 메모하기, 영어로 일기 쓰기, 영어로 대화하는 연습을 하라. 분명 큰 도움이 될 것이다.

어휘력 향상에 주력하라

외국어영역에서 어휘가 차지하는 비중은 절대적이다. 어휘를 모르면 독해가 불가능하다.

어휘력을 향상시키기 위해서는 영어사전이 필수다. 그리고 영어사전을 깨끗하게 사용하는 것보다 자주 들추어 봄으로써 너덜너덜해지도록 하라. 어휘를 영어로 풀어쓴 설명이 있는 영영사전을 보는 것도 좋다.

미국인은 짧고 평범한 단어 700~800단어 정도를 사용함으로써 쉬운 영어를 구사한다. 따라서 평이한 단어를 철저히 습득하는 것이 수능 독해에는 유용하다. 아울러 한 단어의 뜻을 다양하게 익히는 것도 필요하다. 영어는 다른 언어보다 간결하지만, 함축하고 있는 의미는 다양하다. 예를 들어 wrap은 '포장하다, 싸다' 라는 뜻이지만 'wrap up' 처럼 up이 쓰이면 '일을 끝내다, 마무리하다' 라는 뜻이 된다(2000 학년도 수능에 출제된 표현).

매년 수능에 출제되는 어휘들은 대체로 공통되는 것들이 많다. 모의 고사 지문의 단어들은 무작정 씌어진 것들이 아니라, 수능 어휘에서 지 문당 몇 개 이상이 들어가야 한다는 지침에 따라 골라지기 때문이다. 모의고사를 출제하는 분들은 수능과 같은 유형의 문제를 출제하는 관 계로 유사한 어휘록을 가지고 있다. 따라서 모의고사 문제를 많이 풀 고, 그때 그때 어휘를 외우는 것이 공통된 어휘를 찾는 효과적인 방법 이다.

【 개방적인 태도를 가져라 】

영어 학습이란 그 언어를 쓰는 사람들의 사고방식, 삶에 대한 태도, 우리 문화와의 차이점 등 을 배우는 것이다. 영어를 잘 구사하는 사람들은 대개 영어와 영어권 문화에 대해 매우 호감을 갖고 있는 경우가 많다. 국제어인 영어를 통 하여 서구 문화에 대한 이해와 정보를 습득한다는 마인드로 접근하는 태도가 중요한다. 이것이 곧 영어학습에 있어서 개방적인 태도다. 개 방적 태도는 외국인에게 호소력을 줄 수 있어 좋은 결과를 얻어낼 수 있다.

많이 들어라

듣기를 잘 하려면 이미 알고 있겠지만, 많이 듣는 것이 효과적이다. 영어를 익히는 데 듣기는 매우 중요하다. "귀가 뚫려야 말하기가 가능하다"라는 말도 있지 않은가. 듣기영역이 탁월한 사람들의 공통점 중 하나는 AFKN 방송을 즐겨 듣는다는 것이다. 최근에는 듣기 전용의 영어교재가 많이 나와 있기 때문에 좋은 효과를 얻을 수 있다. 듣기 교재가 어렵다고 생각되면, 쉬운 영어동화책과 테이프를 들으면 된다.

외국어영역의 듣기 평가에서는 시험지에 적혀 있는 문제로부터 몇몇 정보를 이끌어냄으로써, 질문에서 요구하는 것이 무엇인지를 파악하는 일이 중요하다. 시험 때는 듣기에 앞서 시험지에 적혀 있는 정보를 체크한다. 그 정보를 기억하면 정답 찾기에 필요한 부분이 선명하게 들릴 수 있다.

긴장된 상태에서 듣다 보니 단어를 잘 듣지 못하고 넘어가는 경우가 생긴다. 이런 경우 대부분의 학생들은 그 단어를 유추해내는 데 정신이 팔려 제대로 문제를 풀지 못한다. 하지만 수능의 듣기문제에서 힌트어는 대부분 두 번 이상 나오게 된다. 따라서 못 알아듣는 단어에 집착하다가 그 후를 못 듣기보다는, 그냥 그 단어를 포기하고 또 다른 힌트를 찾아보는 것이 올바른 공략법이다.

듣기문제의 일부 유형 중에는 숫자가 나오는 경우가 있다. 가령 돈에 대한 것이 나오거나 날짜에 대한 것이 나오는 것들은 그냥 주어지기보다는 계산해야 하는 경우가 있다. 따라서 들으며 간단히 메모를 하는 습관을 기르는 것이 좋다.

독해에서는 주제문을 찾아라

영어의 성패는 독해에 달려 있다. 중심내용의 이해도를 평가하는 독해는 주제 찾기, 제목 찾기, 요약문 완성 등으로 이루어져 있다. 이러한 유형의 경우 약간의 차이가 있지만 비슷한 방법으로 풀어야 한다.

출제자가 이러한 유형의 문제를 내는 의도는 수험생에게 정확한 해석을 요구하는 것이 아니라, 그 제시문이 무엇을 말하는지 묻는 것이다. 따라서 중심내용 찾기에 주력해야 한다. 대부분 두괄식이나 미괄식의 형식을 취하는데, 이에 제시문의 앞부분과 뒷부분을 먼저 읽어보고 중심문장이 있는지 찾아야 한다. 이와 같은 방법으로도 중심내용이 보이지 않으면 핵심어를 찾아야 한다. 가장 많이 다루어지는 단어가 무엇인지 눈여겨보고, 그것과 글의 내용이 어떤 상관관계를 맺는지를 생각해 보면 중심내용이 더욱 잘 나타날 것이다. 그리고 예시로 나온 것은 주제가 될 수 없음을 명심하라. 환경오염을 설명하면서 산성비를 예로 들었다고 해서, 산성비가 주제가 될 수는 없다.

제목은 주제처럼 문장으로 표현되지 않지만 일정한 상징성을 가지고 있다. 따라서 제목이 상징하고 있는 것이 무엇인지 빨리 파악해야 한다. 요지를 완성하는 문제는 먼저 제시문을 읽고 주제를 찾는다. 그 상태에서 완결된 문장을 생각해 본다. 그리고 지시문을 손으로 가리고 (이는 제시문에 얽매이지 말라는 뜻이다), 빈 칸이 있는 요약문을 해석한다. 그리고 지시문의 주제와 요약문의 내용을 대응시킨다. 그리고 우리말이나 생각나는 영어단어로 빈 칸을 채워넣는다. 그 다음에 시험지에 나와 있는 것을 비교하여 알맞은 것을 고르면 된다.

수준별 학습전략

모든 학생에게 공통된 학습법을 제안하는 것은 무리가 따르게 마련이다. 따라서 학생 수준별 영어학습법을 소개한다.

1) 초급자 공부법

초급자는 영어로 된 긴 글만 보면 답답하고 머릿속이 깜깜해진다. 또 주어·동사·목적어와 같은 문법용어만 보면 짜증이 나고, 책을 덮어버린다.

　초급자 학생들이 영어로 된 글을 읽지 못하는 가장 큰 원인은, 글의 내용을 이해하는 대신에 우리말로 번역을 하기 때문이다. 이와 같은 학생들은 일단 아는 단어를 최대한 활용해서 글자를 그림으로 그리는(내용 연상) 연습을 해야 한다.

　여기서 가장 중요한 역할을 하는 것이 동작부분이다. 글은 주로 '어떤 일이 어떻게 발생했다' 라는 것을 중심으로 전개된다. 동작을 포함하는 세 가지 주요 부분(분사·부정사·동명사)을 점검하면 "글의 흐름이 보이기 시작하는데! 어디 해볼 만하군!" 하는 기본적인 자신감이 생기게 마련이다. 또한 접속어구를 알고 글의 흐름을 파악해야 한다. 기본 단어나 문법에 집중한다면 효과를 볼 수 있는데, 접속사 역시 기본 동사와 더불어 반드시 점검해야 하는 요소다.

영어 실력이 부족한 학생은 영어 성적이 자신보다 약간 높은 친구가 보는 문제집을 선택하는 것이 좋다. 처음부터 완벽하게 문제를 풀겠다는 조급한 마음으로 덤비지 말고, 쉬운 지문부터 착실하게 공략하는 자세가 바람직하다.

2) 중급자 공부법

중급자는 문장의 뜻은 대충 알겠는데, 긴 글을 두세 줄 연달아 읽기만 하면, 앞의 내용이 금방 머릿속에서 사라지는 증상(?)을 보인다. 이러한 학생들은 영어에 관심이 있고 아는 단어도 꽤 되는데, 정작 글을 읽을 때는 생각보다 독해가 잘 안 돼서 답답해한다. 영어의 기초는 있지만 시험에서 자기 점수로 연결시키지 못하는 경우다. 문장 속의 개별정보들을 종합적으로 연결시키지 못하기 때문이다.

긴 글이 부담스럽다는 것은 글 속에서 제시되는 정보들의 흐름이나 주요 순위가 머릿속에서 정리되지 못한다는 것을 의미한다. 따라서 글의 앞부분만 읽고도 뒤의 내용을 유추해 낼 수 있는 능력을 배양해야 한다. 이는 접속사와 관계사를 확실히 이해할 때 가능하다. 또한 중급 학생들은 눈으로 보는 것에만 익숙해 있기 때문에 영작문을 어렵게 느낀다. 처음에는 힘들더라도 영작을 꾸준히 해야 한다.

3) 상급자 공부법

영어로 된 지문의 해석에는 큰 무리가 없는데, 정작 시험점수는 만족스럽지 않다. 또 정확히 설명하려고 하면 자신감이 없어지는 이유는 바로 글이나 문법에 대한 정확한 느낌이 없기 때문이다. 문법에 대한 기본 실력이 있고, 알고 있는 단어의 양도 꽤 되기 때문에 전체 문장의 흐름이나 글의 내용을 파악하는 데에는 별 무리가 없다. 하지만 글의 어감이나 문제의 출제의도를 모르기 때문에 오답을 고르게 된다. 글쓴이의 의도를 파악하는 연습을 하기 바란다. 시사성을 가진 황사 · 전쟁 · 사스 · 에너지 절약 등의 소재에 대해서 많이 알아두는 것이 좋다.

5 chapter

사회탐구영역

교과서를 100% 활용해야 한다

Profile 최 강

| 최강학원 대표강사 및 원장 | 사이버 하이스쿨(www.cyberhighschool.co.kr) 대표이사 |
| KTF · SKT 모바일 학습강사 | 최강사탐 핵심개념시리즈(전6권) 저술 등 |

사회탐구영역은 6차 교육과정에서 7차 교육과정으로 변하면서 가장 큰 차이를 보이고 있다. 2004학년도 수능 사탐영역의 과목은 국사 · 일반사회 · 윤리 · 한국지리 등 4과목이었지만, 2005학년도 수능 사탐영역은 총 11개 과목 중 각 대학별 · 전공별로 3~4개 과목을 선택하는 것으로 바뀌었다.

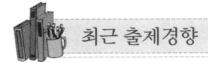
20 03학년도 수능에서 점수하락 폭이 가장 컸던 영역이 바로 사회탐구였다. 상위 50% 학생들의 사탐 성적이 인문계에서는 4.7점(6.4%), 자연계에서는 7.7점(16.1%)이나 폭락한 까닭은 다른 변수도 있었지만, 무엇보다 수험생들의 잘못된 학습방법에 따른 결과다.

특히 교과서를 소홀히 하는 수박 겉핥기식 강의에 의존한 것이 고난도 문제에는 속수무책이었다. 실제로 올해 수능에서 수험생들이 고전한 문제들은, 수박 겉핥기식 강의에서는 지나치고 말았지만 교과서에서는 중시된, 핵심개념들에서 출제된 문제들이 대부분이었다.

또한 문제집에 의존한 학습이 낭패를 불러왔다. 사설학원 등에서 출간한 문제만 대량으로 실어놓은 문제집들이, 수험생들에게 '문제풀이 테크닉'을 익히는 데는 다소 도움을 주었을지 모르지만, 정작 수능에서 고난도 문제를 풀기 위해 필수적인 '교과서 핵심개념'의 학습시간을 수험생들에게서 뺏어버리는 결과를 불러왔다.

과거 수능시험에서는 같은 시간을 투자하여 같은 노력으로 공부하더라도, 성적은 다르게 나오는 경우가 많았다. 작년 수능에서 실패한 수험생들이 범한 실수를 되풀이하지 않아야겠다.

좀더 구체적으로 사탐문제를 분석해 보자.

2003학년도 수능 사회탐구 문제(인문 · 자연 · 예체능 공통 32문제 기준)에서는 수능 기출문제와 내용상 유사문제가 21문제(66%)나 출제되었고, 모의수능 · 학력평가와 내용상 유사문제도 11문제(34%)나 출제되었다. 물론 문제형식에서도 최근 수능 기출문제와 작년에 시행된 모의수능 · 학력평가 문제가 적극적으로 반영되었다.

2004학년도 수능시험을 치를 예비 수험생들이 가장 먼저 해야 할 일은 수능 기출문제(1999~2003년은 모든 문제를, 1994~98년은 현 교과과정과 일치하는 문제만)를 풀어보고 분석하는 것이다. 그리고 작년에 실시된 모의 수능문제와 시 · 도 교육청 연합학력평가 문제도 풀어보아야 한다. 이들 기출문제 풀이를 통해 자신의 실력을 진단해 보고, 최근 출제경향에 맞는 '맞춤형 학습' 전략을 계획할 수 있으며, 나아가 올해 수능에서 실제로 출제될 주요 내용을 학습하는 기회도 가질 수 있을 것이다.

【 고난도 문제형식으로 변화 추세 】 2003학년도 수능 사회탐구영역에서의 가장 두드러진 특징은 '보기'를 이용한 문제 출제형식의 변화' 였다. 이러한 출제형식상의 변화가 점수하락의 중요한 원인이기도 했다. 종전에는 모르는 내용이 있더라도 요행으로나마 맞힐 수

〈A형〉 2002 수능 19번 문제(기존 형식)	〈B형〉 2003 수능 25번 문제(고난도 형식)
• 문제 : 보기에서 옳은 것을 고르시오.	• 문제 : 보기에서 옳은 것을 고르시오.
보기 ㄱ. ○○○　　ㄴ. ○○○ ㄷ. ○○○　　ㄹ. ○○○	보기 ㄱ. ○○○　　ㄴ. ○○○ ㄷ. ○○○　　ㄹ. ○○○
① ㄱ, ㄴ　② ㄱ, ㄷ　③ ㄴ, ㄷ ④ ㄴ, ㄷ　⑤ ㄷ, ㄹ	① ㄷ　② ㄴ, ㄷ　③ ㄷ, ㄹ ④ ㄱ, ㄴ, ㄷ　⑤ ㄱ, ㄷ, ㄹ

있는 형식(A형)이었으나, 2003학년도 수능에서는 '보기' 내용의 모든 항목을 정확하게 알아야 하는 형식(B형)으로 바뀌었다. 수험생들이 주로 틀렸던 문제 역시 새로운 형식인 B형으로 출제된 문제였다(위의 표 참고).

　교육 목적이나 평가 목적상 B형으로 출제하는 것이 바람직하며, 2004학년도 수능이나 2005학년도 수능에서도 B형 문제의 비중이 커질 것으로 예상된다. 수험생들은 이제 좀더 정확하고, 좀더 꼼꼼한 학습방법을 적용해야만 이러한 유형의 문제를 틀리지 않을 수 있다.

탐구영역은 사회탐구 · 과학탐구 · 직업탐구 등으로 세분된다. 수험생은 이 가운데 한 영역만 선택한다. 수험생은 하나의 영역만 선택하기 때문에 부담이 줄어든 것으로 생각하기 쉽다. 하지만 원점수가 120점에서 200점(최대 4과목을 선택했을 경우)으로 늘어난 점을 유념해야 한다. 과목당 원점수는 50점이지만 최대 4과목을 선택하면 200점으로 늘어난다. 이는 언어 · 수리 · 외국어영역보다 두 배나 높은 배점이다. 그리고 표준점수로 계산하면 과목당 표준점수는 0~100점이 되지만, 최대 4과목으로 계산하면 0~400점으로 늘어난다. 표준점수도 0~400점으로 언어 · 수리 · 외국어영역의 두 배에 이른다. 수능에서 탐구영역이 차지하는 비중은 언어 · 수리 · 외국어영역과 비슷할 것으로 보여, 지금보다 좀더 중요한 영역이 될 것이다.

지금까지 사회탐구영역에서는 4과목만 시험을 치렀지만, 2005학년도부터는 윤리·한국지리·세계지리·경제지리·국사·한국 근현대사·세계사·법과 사회·정치·경제·사회문화 등 11개 과목 중에 수험생이 1~4과목을 선택한다.

그리고 2005학년도 수능부터 더욱 어려워질 것으로 보인다. 전반적으로 수능이 심화선택과목 중심으로 출제되기 때문에 단편적인 지식보다는 사회를 구성하는 집단, 변화를 설명하는 원리, 다양한 사회적 특징 등을 묻는 문제가 많이 나올 것이다. 이런 문제는 현상을 올바르게 인식해야 하는 깊은 사고력을 요구하며 사회 전체를 객관화할 수 있는 능력을 필요로 한다. 특히 시사적인 문제가 많이 출제될 것으로 보여, 교과서의 기본개념뿐 아니라 사회적 쟁점이 된 현상이나 용어를 차근차근 정리하도록 한다.

사회탐구영역 향상의 지름길

보통 교과서에는 기초적인 내용밖에 없다고 생각하지만, 사실 그렇지 않다. 교과서에는 수능의 진리가 숨어 있다. 교과서 본문의 내용과 문맥을 이해하고 기억하고 있어야만 응용문제가 나와도 해결할 수 있다. 응용문제는 교과서 내용을 기준으로 발전한 것이기 때문이다. 특히 사회탐구영역에서는 교과서의 기본개념에 대한 이해를 묻는 문제가 주로 출제된다. 따라서 교과서를 효과적으로 활용해야 한다.

사회탐구영역은 흐름을 알지 못하면 잘 외워지지 않는다. 교과서의 차례에 나오는 단원명을 통해 본문을 유추하면, 그 내용을 쉽게 알 수 있다. 교과서에 나오는 지도 · 도표 · 모식도(어떤 것의 구조나 원리, 현상 등을 한눈에 알 수 있도록 나타낸 그림) · 그림 · 사진 등은 반드시 알아두어

76

야 한다. 국사의 경우 그 시기에 관련된 사진을 놓고 시기별로 나열하라는 문제가 출제되기도 한다.

수능에서는 전체적으로 시사적인 문제가 늘어나고 있는 추세이기도 하다. 교과서와 관련되어 일어나는 다양한 사건을 윤리·사회·지리·역사 등 사회과목 측면에서 바라보는 안목을 길러야 한다.

문제집에 매달리면, 정확하고 꼼꼼하게 공부할 수 없다. 교과서를 기본서로 삼고, 부족한 내용은 교과서에 추가로 기입하는 '서브 노트' 작업을 하라. 이처럼 교과서를 활용한 작업을 '교과서로의 단권화'라고 부르기도 한다. 이를 토대로 교과서 핵심개념을 반복 학습하는 것이, 난이도를 높인 새로운 문제형식에 대한 가장 효과적인 대응전략이 될 것이다.

【 변화하는 사회현상에 주목하라 】

끊임없이 변화하는 사회현상을 반영하고 있는 사회탐구 과목에서는 '시사문제'에 유의해야 한다. 현 교과서는 1990년대 중반에 초판 발행된 것이다. 물론 조금씩은 수정·보완되었지만, 최근의 사회현상은 교과서에 수록되어 있지 않다. 그러나 수능에서는 교과서에 없더라도 교과과정과 관련된 사회현상이 출제범위에 포함된다. 매년 5~8개 정도의 시사관련 문제가 출제되어왔으며, 앞으로의 수능에서도 예외가 아닐 것이다.

필자가 지도했던 A학생은 중학교 때부터 매일 아침 20분씩 투자해서 신문을 읽고 비평을 하는 습관을 길렀다. 다양한 글을 쉽게 접할 수 있는 효과적인 학습방법이 바로 매일 집으로 배달되는 신문 읽기다. A학생은 시각차가 큰 보수성향의 C신문과 진보성향의 H신문을 동시에 읽으며, 같은 사건이 서로 다른 관점에 따라 어떻게 다루어지는지를 분석해 보고, 자신만의 입장을 정리해 나가는 방법을 사용했다. 자연스럽게 비판적 사고능력이 향상되었고, 시사문제에 대해서도 일가견을 갖게 되었다. 신문을 즐겨 읽던 A학생의 습관은 사회과목에서 강세를 나타내는 데 중요한 밑거름이 되었음은 물론이다.

이처럼 사회탐구 과목의 학습에서는, 복잡한 사회현상의 종합적 이해력과 비판적 사고, 합리적 의사결정 능력, 적극적 참여의식 등이 요청된다. 따라서 평소 언론매체에서 다루는 시사문제에 대한 관심을 바탕으로 주요 쟁점을 파악하고 이해하려는 노력이 필요하다. 구체적으로는 시사분야의 신문이나 잡지를 꾸준히 스크랩하여 파일로 만들어둘 필요가 있다. 인터넷을 통한 정보처리 및 탐구능력을 기르고, 다양하고 폭넓은 사회참여 경험을 가져보는 것도 좋은 공부법이 된다.

【 3단계 반복 · 심화학습의 계획을 세워라 】

1년을 기준으로 사회탐구영역의 준비방법을 살펴보자. 사회탐구영역에서 고득점을 얻으려면 시기별 · 단계별 학습전략이 중요하다.

1단계는 전국 시 · 도 교육청 연합학력평가가 실시되는 3월 말까지로, 교과서 핵심개념을 정리하면서 '교과서로의 단권화' 작업을 해야 한다. 단, 이 기간 중에 교과서 핵심개념을 모두 정리하지 못한 수험생이나, 사회탐구영역이 약한 수험생들은 1단계 학습을 여름방학 이전까지 지속해야 한다. 1단계 학습내용에 수능 기출문제와 지난 해 모의수능·학력평가 기출문제에 대한 공부를 포함하라.

2단계는 여름방학 이전까지로, 1단계에서 학습한 내용을 바탕으로 난이도가 심화된 개념문제 풀이를 통해, 핵심개념을 반복하고 심화하는 학습을 해야 한다. 물론 이 기간 중에도 교과서의 주요 단원에 대해서는 단권화된 교과서를 통한 지속적 반복학습이 필요하다. 선택과목은 진로와 적성에 부합하는 과목, 학교에서 배운 과목, 본인이 자신 있다고 생각하는 과목을 기준으로 선정해야 한다. 늦어도 3월 학력평가 이전까지는 최종 결정되어야 한다.

3단계는 여름방학 시작부터 수능시험까지로, 1단계에서 학습한 교과서 핵심개념과 2단계에서 학습한 심화개념문제를 종합, 출제가 예상되는 주제별로 '출제 포인트와 필수예제'를 정리해야 한다. 또한 출제가 예상되는 문제들로 구성된 '실전모의고사'를 통해 실제 수능에서 필요한 '시간 안배' 훈련과 '고난도 문제 적응' 훈련을 반복해야 한다. 물론 이 기간 중에 단권화된 교과서를 다시 한번 정독하고, 수능 기출문제와 올해 실시될 학력평가문제 및 모의수능문제도 다시 한번 풀어보아야 한다. 또한 지도·도표·그림·사진·연대표·왕계표 등도 정리해야 한다.

단계별 학습과 상관없이, 학교수업이나 내신성적을 무시해서는 안 된다는 점을 명심해야 한다. 학교 시험문제와 수능 문제는 서로 유형이나 출제방식에서 다를 수 있지만, 교과서 중심의 학교 수업이 수능시험 대비에 가장 필수적인 요소다. 내신성적과 수능시험이 무관한 것이 아니라는 '내수불이(內修不二)'의 자세를 견지해야 할 것이다.

사 회탐구영역은 시간분야로 국사 · 한국 근현대사 · 세계사, 공간 분야로 한국지리 · 세계지리 · 경제지리, 인간사회분야를 망라한 정치 · 경제 · 사회문화 · 법과사회 · 윤리 등 총 11개 과목으로 이루어져 있다. 2005학년도 수능에서 수험생들은 이 가운데 대학이 지정하는 과목만큼 선택하면 된다.

여름방학 전후에는, 과목을 선택할 때 2003년 12월 말에 발표되는 「대학별 전형계획 주요 사항」을 필히 참고해야 한다.

필자가 가장 권하고 싶은 과목들은 '한국 근현대사'와 '한국지리', '윤리', 그리고 대학에서 전공할 과목이다. 서울대는 2005학년도에 국사 과목을 사회탐구영역에서 필수선택 과목으로 지정해 놓았다. 이에 따라 수험생의 입장에서는 '한국 근현대사'를 공부하는 것이 좋다. '한국 근현대사'는 근현대의 역사가 현재와 무관한 부분이 아니기 때문에

민감한 사안일수록 피해 가는 경향이 있다. 따라서 비교적 문제가 쉽게 출제될 가능성이 높다.

'한국지리' 는 '세계지리' 와 '경제지리' 로 나뉘어져 있기 때문에 과목 난이도가 비교적 낮을 것으로 예상된다. '윤리' 는 정형화된 문제들이 많고, 문제 속에 보편성이 포함되어 있기 때문에 상식적인 선에서 해결할 수 있다. 따라서 비교적 공부하기가 쉽다.

나머지 한 개 과목은 대학에서 전공할 과목을 택해 공부하면 심층면접 준비도 겸할 수 있다. 예를 들어 법대에 진학할 학생은 '법과 사회', 정치학과를 지망하는 학생들은 '정치' 를 선택하면 미리 전공을 공부하는 기회도 되고 심층면접시 법과 정치에 대한 난해한 질문에도 대비할 수 있어 일석이조다.

2005학년도에는 표준점수가 반영된다. 전체 선택과목의 난이도 편차를 그만큼 줄인다는 뜻이다. 따라서 난이도에 대한 부담은 덜어도 될 것이다.

【 국사 】

국사는 우리 민족의 전체 삶을 종합적으로 이해하는 과목이다. 따라서 우리 민족의 정체성을 함양시키는 구실을 한다. 이에 교육과정에서는 국민공통 기본교육과정으로의 일환으로서 8~9학년에서 각 시대의 문화적 특색 및 사건의 실상을 이해하고, 이를 토대로 10학년에서는 민족사의 전개를 분야별로 구분하여 구조적·체계적으로 학습하는 데 주안점을 둔다고 규정하고 있다. 즉 국사 교육은 우리 민족의 문화 전통을 확인시켜 민족사 전개에 적극적으로 참여하게 하는 정신을 길러준다. 따라서 우리 민족의 역사를 바르게 이해하기 위해서는 우리 민족의 모습을 민족사적 차원만이 아니라 세계사적 차원에서 상호 유기적으로 파악하는 것이 필요하다. 이러한 성격을 지니고 있는 국사 과목의 공부방법을 살펴보자.

첫째, 전체적인 흐름을 잘 이해해야 한다.

둘째, 분류사별로 중요한 점을 체크해야 한다. 즉 정치 · 경제 · 사회 · 문화 부문에서 큰 특성과 핵심내용을 이해해야 한다.

셋째, 문제를 풀 때 출제자의 의도를 정확히 파악해야 한다. 역사적 사실에 연연한 나머지 지나치게 암기 위주로 공부하는 것은 위험하다고 할 수 있다.

넷째, 교과서를 속독(정독)할 필요가 있다. 교과서를 꼼꼼이 읽으면서 단원별로 깊이 음미할 부분을 살펴보는 것이 좋다. 이 때 참고서도 병행하면 효과가 크다. 이러한 국사 교과서의 정독에는 적어도 30시간 이상을 투자해야 한다. 이렇게 한번 정독을 한 후 다시 정독을 하면 그 시간을 반으로 줄일 수 있다. 거듭 정독해 나가면서 지속적으로 시간을 줄여나간다. 정독을 열 번 이상 하면 6차 국사 교과서 상 · 하권(400쪽 분량)을 수능 바로 전날에 소설을 읽듯이 짧은 시간 안에 정리할 수 있다고 한다.

다섯째, 국사는 배경을 중심으로 폭넓게 공부하는 것이 좋다. 가령 붕당정치의 경우 노론이나 소론, 주요 인물성향 등에 대해서 참고서를 중심으로 정리해 두면 효과가 있다.

여섯째, 국사 전문 웹사이트 등에서 심화된 내용을 정리하면 좋다. 이 같은 노력을 교과서와 병행해 나가다 보면, 기존 수능에서 출제되지 않은 영역을 발견할 수도 있다. 그런 경우 수능문제로 이어질 가능성이 높다.

일곱째, 국사에 조금 흥미가 떨어지는 학생들은 시중에 나와 있는 만화로 된 역사책 등을 통해 재미를 붙여가면서 공부하는 것도 유용한 방법이 된다. 또한 역사를 주제로 한 TV 프로그램을 활용하는 것도 국사를 재미있게 공부하는 하나의 방법이 된다.

【 **한국 근현대사** 】

한국 근현대사는 우리 민족의 가까운 과거에 대한 정확한 이해를 바탕으로, 당면한 과제를 바르게 처리할 수 있는 역사적 능력을 계발·신장시키기 위해 개설된 과목이다. 이 과목은 우리 민족이 근·현대의 세계 속에서 발휘해 온 역량을 주체적·비판적으로 이해하고, 이를 토대로 21세기 우리 민족사의 전개에 능동적으로 참여할 수 있는 자질을 기르도록 하는 데에 목적이 있다. 이 과목을 공부하는 학생들에게 요구되는 것은 언어능력·기억력·분석력 등이다. 따라서 국사는 사회과학적 흥미가 있는 학생에게 적합하다.

4종의 검인정 한국 근현대사 교과서는 역사적 사건이나 사례 등을 자세하게 기술하고 있다. 이들 사례를 정리하면 학생들에게 도움이 될 것이다. 한국 근현대사는 1860년대부터 현재에 이르기까지 약 150여 년에 걸친 역사를 기술하고 있다. 따라서 주관이 개입될 소지가 있는 부분은 논란이 발생할 수도 있기 때문에 출제에서 제외될 가능성이 크다.

【 **정 치** 】

정치는 민주시민의 육성과 바람직한 가치관 확립을 위하여 개설된 사회과의 심화선택과목이다. 사회 · 정치적으로 중요한 사건 또는 문제에 관한 필요한 정보를 획득하고, 합리적인 판단을 내리며, 그에 따라 행위할 수 있는 능력과 태도를 갖추도록 하는 데 초점을 두는 과목이다. 정치 · 외교 · 법률 등 집단적 · 설득적 활동에 관한 흥미를 가지고 있으며, 과학적으로 분석 · 비판할 수 있는 능력을 갖춘 학생에게 유리하다.

정치는 헌법의 총론 · 기본권 · 통치권 등 세 부분으로 구성되어 있다. 각각의 영역은 비교적 기본개념에 충실한 내용들로 채워져 있어서 어렵게 생각하지 않아도 된다. 정치에는 시사적인 요소가 필수이므로, 신문과 방송에서 이야기되는 정치 현안에 대해 관심을 가지고 정리해둘 필요가 있다.

【 경 제 】 경제는 경제적 사고력과 문제해결 능력을 기르기 위해 개설된 사회과의 심화선택과목이다. 이는 체계적인 경제지식과 사고력 및 가치관을 토대로 소비자 · 생산자로서 책임 있는 민주시민의 역할을 수행할 수 있는 능력을 기르기 위한 과목이다.

경제 · 경영 · 무역 · 관리 등 기업의 운영과 경제적 활동에 흥미를 가지고 있으며, 문자나 기호를 정확하고 신속하게 식별할 수 있는 사무적 감각을 지닌 학생들에게 적합하다. 또한 상경계열을 지망하는 학생이나 수학적 두뇌가 있는 학생, 그래프나 미시 · 거시의 경제이론에 강한 학생들에게 유리하다.

【 한국지리 】

한국지리는 국민공통 기본교과인 사회에서 지리에 관한 기초적인 내용을 학습한 후에 고등학교에서 이수하는 심화선택과목이다. 이는 국토의 지리적 현상을 체계적 · 종합적으로 이해하고, 이를 바탕으로 국토가 당면한 문제에 능동적으로 대처할 수 있는 능력과 자세를 기르기 위한 과목이다. 우리나라 여러 지역의 다양성과 인간 활동, 그리고 자연환경이 어떤 방식으로 연계되어 있는지에 관심이 있는 학생에게 적합한 과목이다.

한국지리는 기후 · 식성 · 토양 · 지형 등 4개의 요소로 구성되고, 그림이나 사진과 지도가 많다. 그림이나 사진 등을 보는 훈련을 많이 하고, 암기보다는 이해 위주로 공부하는 것이 좋다. 또한 이해를 바탕으로 하나의 주제를 다양한 각도에서 접근하는 시각을 가져야 한다. 이를 위해서는 하나의 소재에 대해 다양하게 접근한 문제를 최소 10문제 이상 풀어보기를 바란다.

【 윤 리 】

윤리는 최근 인간관이나 세계관이 물질주의 · 출세주의로 흐르고 있고, 특히 서구의 가치관과 사상을 무비판적으로 추종하는 방향으로 기울어지고 있는 시점에서, 한국인으로서의 주체적인 윤리관과 사상적 틀을 형성하게 하려는 과목이다. 학생들로 하여금 인간의 삶 속에 등장하는 윤리와 사상의 중요성을 인식케 하고, 동서양의 윤리 및 현대사회 사상의 흐름과 특징을 파악하여, 한국윤리와 사상의 기본 틀을 정립하는 데 그 목적을 두고 있다. 인간과 사회, 인간과 역사, 시사적인 내용에 흥미를 가지고 있는 학생들에게 유익한 과목이다.

윤리는 전체 문제에서 사상사가 80% 정도의 비중을 차지한다. 사회와 윤리, 국가와 윤리, 국제사회와 윤리 등 윤리 사상사의 흐름을 아는 것이 중요하다. 수능시험이 예전 제도였던 학력고사의 속성을 지니고 있어 철저한 암기를 요구한다. 정형화된 문제들이 많고 문제 속에 보편성이 포함되어 있기 때문에 상식적인 선에서 문제를 해결할 수 있다. 따라서 비교적 공부하기는 쉽다고 볼 수 있다.

6 chapter

과학탐구영역

과학의 기본원리에 충실하라

Profile  박완규

| 서울대 물리학과 박사과정 수료 | 서울과학고 물리교사 | EBS 과탐영역 강사 |
| EBS 과탐영역 방송교재 집필 | 〈텍스트 과학〉 집필 | 제45회 전국 과학전람회 대통령 표창 |

7차 교육과정에서 과학탐구는 자연계 전공을 목표로 하는 모든 학생의 전략과목이다. 따라서 자연계 학생은 과학탐구 영역에서 고득점을 올려야 한다. 대학에 가기 위한 수단으로 공부하는 것보다는 과학 자체를 좋아하는 자세를 가지면, 높은 점수를 얻을 수 있다.

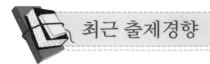

기출문제의 유형을 살펴보면 교과내용을 다루면서 교과 내의 자료를 해석하는 문제, 교과내용을 다루면서 교과 이외의 자료를 해석하는 문제, 교과서에 없는 자료를 해석하는 문제로 구분된다. 수능시험에서 출제 비중은 첫째 유형이 30%, 셋째 유형이 30% 정도 된다. 통합교과서적인 문제가 자주 출제되므로 평소 문제를 풀 때 셋째 문제유형을 자주 접해야 한다. 특히 최근에는 사고력을 측정하는 실험그래프 제시형, 도표 제시형, 그림 제시형, 지문 해석형 등과 같은 실험 위주의 문제가 많이 출제되었다.

시교육청 모의 수능문제 출제위원 등으로 참여하면서 필자가 확인한 바로는, 과학탐구영역에서는 기본개념에 바탕한 사고력 측정 문제가 주로 출제되었다. 이러한 출제경향에 대비하기 위해서는 기본개념을 파악하는 것이 가장 중요하다.

실험과정의 원리를 통해서든, 교과서에서 정리하는 기본개념이든, 기본적인 과학영역의 개념을 확립하지 않는 이상 과학탐구영역에서 좋은 점수를 얻을 수가 없다. 학교에서 중점을 두는 과학 과목의 내신에 있어서도 수능과의 연계를 통해 기본개념을 정리하는 것이 좋다.

【 출제자의 의도 파악 】

시중에 나온 참고서나 문제집의 내용과 같은 수준의 문제를 출제하는 선생님도 있지만, 경우에 따라서는 매우 독특한 자신만의 스타일을 고집하는 선생님도 있다. 따라서 내신 점수를 잘 받기 위해서는 출제 선생님의 의도를 파악하는 것이 가장 중요하다. 특히 수업 중에 강조한 것들에 대해서는 평소에 중요하게 메모를 해두고 학습하는 것이 도움이 되는 경우가 많다.

【 그림 · 그래프 · 도표 검색 】

과학 분야 교과서에는 다이어그램, 그림, 차트, 그래프 등이 많이 나와 있다. 과학 이론이나 가설들은 대부분의 실험이나 결론을 그림이나 그래프와 도표 등을 이용해 간단하게 정리를 해놓기 때문에 이에 대한 이해는 필수다. 따라서 교과서에 나오는 그림과 그래프, 도표 등을 보고 결론을 추론하거나 말하고자 하는 의도를 파악하는 능력을 기르는 것은, 과학을 공부하고 이해하는 데 대단히 중요하다고 하겠다. 또한 글보다 그림은 정보를 이해하고 기억하는 데 좀더 효과적이다.

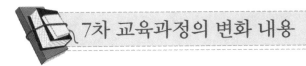

20 05학년도 수능의 과학영역은 물리I · 물리II · 화학I · 화학II · 생물I · 생물II · 지구과학I · 지구과학II 등 8개 과목 중 수험생이 1~4과목을 선택한다.

물리II · 화학II · 생물II · 지구과학II 등과 같은 과목에서는 최대 2과목만 선택이 가능하다. 특히 수험생은 자신이 지원할 대학이 어떤 영역을 반영하는지 주의 깊게 살펴봐야 한다.

과학탐구영역도 2005학년도부터 변화하는 사회탐구영역과 동일하다. 사회탐구 · 과학탐구 · 직업탐구 중 하나만 선택한다. 그리고 원점수가 120점에서 200점(최대 4과목 선택시)으로 늘어나므로 수능에서 차지하는 비중이 높다는 점을 잊지 않도록 한다.

과학탐구영역 또한 심화선택과목 중심으로 출제가 예상되므로 더욱 어려워질 전망이다. 기본적인 과학 지식보다 그래프와 그림, 도표 등을

분석하는 능력이 필요하다. 특히 과학 공식을 응용한 문제가 출제될 것
으로 예상되어 기본 개념과 원리를 완벽하게 이해하도록 한다.

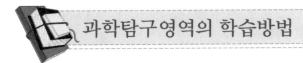

과학탐구영역의 학습방법

기본원리에 충실하라　　과학탐구영역에서 높은 점수를 얻으려면 법칙과 원리의 기본 내용을 이해해야 한다. 기본 내용을 이해하기 위해서는 학교 수업시간에 선생님의 이야기를 놓치지 말아야 한다.

　학교 진도에 맞추어 최대한 열심히 듣고, 질문하고, 이해가 부족한 부분들을 고쳐나가는 과정이 필요하다. 그리고 학교 수업시간만으로는 부족하므로, 스스로 완벽하게 이해했다고 느낄 때까지 따로 공부할 시간을 가져야 한다. 가설을 세우고, 그것을 증명하는 연습도 꾸준히 하면 좋다.

과학처럼 어려운 내용의 교과서는 무엇보다 학습 계획을 잘 세우는 것이 중요하다. 그리고 정신을 집중해서 다음과 같은 방식으로 읽어보자.

- 낯선 용어와 어휘를 먼저 공부해야 한다. 이들 어휘는 개념을 이해하는 데 기초가 되기 때문이다.

- 내용이 어떤 방식으로 제시되어 있는지 살펴보자. 교과서는 대체로 '이론-예-요약'의 과정을 통해 전개되지만, 본인이 알기 쉽게 읽을 내용의 구조를 수정할 수 있다. 예컨대 처음부터 꼼꼼이 읽었는데도 이해가 가지 않는다면, 보기 문제를 먼저 천천히 읽어보고, 그 다음 이론이나 공식을 이해하는 순서로 수정할 수 있다.

- 한 문장을 완전히 이해한 후에 다음 문장으로 넘어가야 한다. 제대로 과학을 공부하고자 한다면, 모든 용어와 모든 공식의 의미를 이해한 다음 제시된 예와 보기들을 직접 풀어볼 줄 알아야 한다.

- 공식이나 문제를 그림으로 바꾸어 보자. 사람은 글보다는 그림을 통해 좀더 잘 이해한다.

- 문제를 풀기 전에 "1보다 크지만, 10보다는 작을 것 같다"라는 방식으로 해답을 추정해 보자. 그리고 문제를 풀 때 한 가지 방법보다는, 여러 가지 방법을 통해 접근하는 자세가 공식을 이해하는 데 가장 효과적이다.

- 계산 문제는 반드시 검산을 해보아야 한다. 이는 수학 계산의 착오를 막는 데 가장 좋은 방법이 된다.

- 문제가 무엇을 요구하고, 어떤 공식이 포함되어 있고, 어떤 정보가 중요한지, 불필요한 정보는 없는지 살펴보아야 한다.
- 본인이 공부한 내용을 친구나 동생에게 설명하는 방법을 사용해 보자. 본인이 잘 설명하면서 가르친다면 효과적으로 이해한 것이고, 그렇지 않다면 충분하게 이해를 하지 못했다고 볼 수 있다.

교과서의 기본법칙을 정리해 나가면 과학의 기본원리를 대부분 정리할 수 있다. 즉 교과서의 차례를 중심으로 이해해 나가면 된다. 특히 과학 교과서에서는 장마다 한두 개의 필수 실험이 수반되는데, 이를 이해하면 원리과정을 정리하는 데 큰 도움이 될 수 있음을 명심해야 한다.

문제풀이와 정리 노트를 200% 활용하라

기본개념을 익힌 다음에는 간단한 연습문제 풀이를 통해 원리를 자기 것으로 소화하라. 이때 주의해야 할 점은 '다람쥐 쳇바퀴 돌 듯' 문제풀이만 반복해서는 별 효과가 없다는 것이다. 틀린 문제들은 따로 정리해 놓은 다음 여러 번 풀어야 한다. 문제를 외우라는 것이 아니다. 이해를 하라는 것이다. 그래야 비슷한 유형의 문제를 모두 막힘 없이 풀 수 있고 남에게 설명해 줄 수도 있다. 과학의 원리 이해는 이러한 문제를 풀어가는 과정 속에서 자연스럽게 터득된다.

문제를 풀다보면 자신도 모르게 잘못 이해하고 있었던 개념들이 하나 둘씩 발견된다. 이 때 정리 노트를 마련하면 학습에 도움이 된다. 과학문제를 풀다가 기본원리에 대한 깨달음이 생겨날 때, 내용에 대한 느낌이 올 때, 그 내용을 꼼꼼이 적어보자. 과학의 기본원리가 눈에 쏙쏙 들어올 것이다.

또한 과학 관련 자료를 평소에 접하는 것이 중요하다. 신문이나 TV를 통해 과학 관련 자료들을 정리해 두거나, 과학잡지 등을 정기구독하는 것도 과학지식 쌓기에 매우 유용한 방법이다.

학기별 과탐 공략 방법

과학탐구영역을 준비하는 요령은 무엇일까? 1학기는 학교 내신에도 신경을 써야 하고, 수능까지는 비교적 많은 시간이 남아 있으므로 주로 기본내용 정리에 주력해야 한다. 학교 수업내용 또는 자신이 따로 보고 있는 책의 내용 등을 종합하여 꼼꼼하고 체계적으로 노트를 정리하는 것이 필수적이다. 이는 몇 차례의 모의고사나 내신을 위해서도 반드시 필요하다. 자주 틀리거나 이해하기 어려운 부분일수록 끈질기고 철저한 이해를 바탕으로, 그 결과를 잊어버리기 전에 노트로 정리하는 것이 좋다. 이러한 노력은 수능 직전 총정리를 할 때 매우 큰 위력을 발휘하게 된다.

방학기간에는 본격적으로 실전 수능 문제를 풀어보라. 이 때 틀리는 문제들은 그냥 넘어가지 말고 반드시 그 이유를 노트에 추가로 기입 · 정리하여 다시는 틀리는 일이 없도록 해야 한다.

2학기는 내신을 포함하여 수능 대비의 최종 정리를 하는 시기로서 눈코 뜰 새 없이 매우 바쁘다. 이럴 때는 그 동안 정리한 노트를 수시로 들추어 보며 실전형 모의고사를 자주 풀어보고, 틀린 사항에 대해서는 다시 한번 그 부분만을 공부하도록 한다. 수능 직전에는 차분하게 그 동안 정리해 왔던 내용이나 틀린 문제들을 훑어보는 것이, 짧은 시간 내에 가장 많은 내용을 정리할 수 있는 효율적인 방법이다.

최근 각 대학들은 심층면접에서 심화된 개념을 묻기도 한다. 이에 대해서도 만반의 준비를 해야 한다. 각 대학의 이공계에서 학생들을 선발할 때 기초소양평가 항목으로 물리적인 운동이나 법칙을 묻는 기초적인 문제에서부터 난해한 공식이나 법칙들을 설명하라는 계산문제 등을 제시한다. 따라서 이공계를 지원하는 학생들은 과학의 기본개념에서 출발해 심화된 이론적인 면을 더욱 깊이 있게 공부하는 자세가 필요하다.

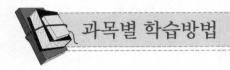

【 **물리** 】 단순하게 공식을 가지고 외우는 것만으로는 물리를 잘 할 수 없다. 아주 단순한 공식을 가지고도 여러 상황과 조건 하에서 다양한 방식으로 제시되는 문제들에 효과적으로 대처할 수 있어야 하기 때문이다. 다양한 문제에 잘 대처하려면, 원리들을 깊이 있게 이해해야 한다. 예를 들어, 옴의 법칙에 대해 '저항=전압/전류' 라고만 이해하는 것은 별 의미가 없다. 옴의 법칙을 제대로 알려면 저항 · 전압 · 전류가 각각 어떤 의미의 용어인지를 파악하고, 어떤 이유로 이 세 개를 통해 주어진 관계식이 성립하는지를 알아야 한다. 옴의 법칙은 해마다 예외 없이 출제된다. 따라서 이 기본원리를 제대로 숙지하고 있으면 어떤 유형의 문제가 출제되더라도, 모두 풀 수가 있다.

【 **지구과학** 】 지구과학의 효과적인 학습을 위해서는 여러 형태의 복잡한 자료 등을 능숙하게 해석하는 훈련을 쌓는 것이 필요하다. 기상이변 또는 지진과 같은 환경 파괴에 따른 현상들이 자주 시사적인 문제로 오르내리고 있으므로, 이와 관련된 판구조론, 대륙이동설 등을 공부하는 것이 중요하다. 무엇보다도 지구과학 과목에서는 자료형 문제가 많이 출제되므로 여러 형태의 복잡한 자료(3차원적인 그래프 · 도표 · 기상도 · 천체관측 사진자료 등)를 효과적으로 해석할 수 있는 훈련을 평소에 많이 쌓아두어야 한다.

7
chapter

직업탐구영역

실업계 학생들을 위해
새롭게 신설되는 직업탐구영역

공업입문
박희용

상업경제
정재희

컴퓨터 일반
이승현

2005학년도 수능부터는 실업계 학생들을 위하여 사탐이나 과탐과 같은 직업탐구영역이 신설되었다. 직업탐구영역은 실업계열 전문 교과를 82단위 이상 이수한 학생들이 사탐이나 과탐을 대신해서 선택할 수 있다. 직업탐구영역에는 '농업정보관리', '정보기술기초', '컴퓨터 일반', '수산해운정보처리' 등 4개 컴퓨터 관련 과목 중 하나를 택하고, '농업이해', '농업기초기술', '공업입문', '기초제도', '상업경제', '회계원리', '수산일반', '해사일반', '해양일반', '인간발달', '식품과 영양', '디자인 일반', '프로그래밍' 등 13개의 전공 관련 과목 중 최대 두 과목을 선택하면 된다. 총 17개 과목 중에 3개 과목 정도를 선택하는 것이다. 이 가운데 대표적인 과목이라고 할 수 있는 '공업입문', '상업경제', '컴퓨터 일반' 등의 학습방법을 소개한다.

공업입문

기본개념 정리를 통해 산업사회를 이해한다

Profile **박희용**

| 서울공업고등학교 중기자동차과 | EBS 직업탐구영역 공업입문 강사 |
| 공업입문 참고서 집필 중 |

대부분의 실업계 학교에서 공업입문을 배우고 있으므로, 이 과목을 선택하는 학생이 많을 것이다. 공업입문은 다른 사탐이나 과탐의 선택과목과 마찬가지로, 20문항에 배점은 원점수 50점에 해당된다.

> **공업입문 학습방법 6가지**

공업입문에서는 과학탐구영역이나 사회탐구영역처럼 종합적인 사고력을 측정하는 문항이 출제될 확률이 높다. 종합적인 사고력을 기르기 위해서는 다양한 시각을 갖도록 노력해야 한다.

1) 다른 교과서를 읽자

학교에서 배우는 공업입문 교과서는 한 종에 불과하다. 공업입문 교과는 4개의 출판사에서 나온다[교학사(이상혁 외 2인), 일진사(이종식 외 3명),

대한교과서(김기수 외 7명), 법문사(강기주 외 3명) 등이 있다]. 다른 과목보다 상대적으로 교과서가 적고 구하기도 쉽다. 교육 내용 및 본문 내용에서 중복되는 부분이 있지만 학습정리 및 탐구 문제, 읽어보기, 참고자료 등은 저마다 다르므로 각각의 교과서를 구하여 읽어보자. 만약에 교과서를 구하지 못하면 2004년에 각 출판사별로 공업입문 참고서가 나올 것이므로, 이 가운데 몇 가지를 구해서 내용을 읽어본 후 문제를 풀어보는 것이 좋다.

2) 기존 수능의 사탐이나 과탐영역을 풀어보자

사회탐구영역에서는 '윤리', '한국지리', '경제지리', '경제', '사회문화' 과목의 기출문제를 풀어보도록 한다.

과학탐구영역에서는 생물 과목의 환경 부문에 대한 문제를 중점적으로 풀어보도록 하자. 공업입문 3단원의 '환경과 공해' 부분에 환경과 공해에 대한 생물학적인 내용이 나오므로 중점적으로 기출문제를 풀어보는 것이 좋다.

3) 신문 및 인터넷을 이용하자

공업입문은 실업계 고등학생이 전공과목을 이수하기 전에 공업에 대한 전반적인 지식과 기술을 습득, 폭넓은 이해를 가지도록 하는 과목이다. 따라서 신문이나 인터넷을 통해 최근의 공업발전이나 환경, 기업경영에 관련된 내용을 미리 숙지해 놓는 것도 좋을 듯하다. 또한 신문을 통하여 최근에 이슈화된 공업, 기업경영, 안전사고 및 환경, 직업윤리에 관련된 내용을 숙지한다.

각 교과서에 나오는 인터넷 주소를 이용하여 직접 해당 사이트에 들어가 관련된 내용을 정리하는 것도 수능을 대비할 수 있는 하나의 방법이라 하겠다.

4) 핵심 내용만 암기하자

공업입문은 4개의 단원으로 구성되어 있다. 각각의 단원이 서로 연관성 있게 수능 문제를 낸다면, 각 단원별로 주요 부분은 미리 암기해 놓는 것이 수능 준비에 도움이 될 것이다. 공업입문에서는 기본적인 개념과 원리를 중심으로, 변화하는 산업사회를 이해할 수 있는 사고력을 요구하는 문제들이 출제될 것이다.

5) 난이도를 좀더 높여서 공부해 보자

이제까지 실업계 학생들은 전공과목을 공부했기 때문에 중간고사나 기말고사는 쉽게 출제되었거나, 난이도가 그다지 높지 않았다. 그러나 공업입문에서는 기존의 사회탐구 영역이나 과학탐구 영역의 난이도와 거의 비슷한 문제가 출제될 것으로 예상된다. 그 이유는 직업탐구영역 자체의 수능 문제가 실업계 학생들을 위해 너무 쉽게 출제되면 변별력이 떨어져 대학에서 채택하지 않을 수도 있기 때문이다. 또한 6차 교육과정에서 실업계 학생들은 대부분 전문대학 위주로 진학을 한 반면에, 7차 교육과정에서는 직업탐구영역이 신설되면서 4년제 대학을 진학하는 학생들이 많이 나오게 될 것이다. 이에 따라 직업탐구영역인 공업입문의 문제 난이도가 사탐이나 과탐과 비슷할 것이다. 실업계 학생들도 난이도 높은 문제를 풀 수 있는 실력을 길러야 한다.

6) 학교수업에 충실하자

수능에서는 종종 낯선 지문이나 예제들이 출제되는 경향이 있다. 공업 입문에서도 마찬가지다. 하지만 학교 수업시간에 배우는 기본 개념과 원리를 이해했다면 생소한 문제도 풀 수 있다. 학교수업을 통해서 각 과목의 핵심개념이나 원리·도표 등을 활용하고 학습한다면, 창의적인 사고력을 키울 수 있다.

[단원별 학습전략]

1) '산업사회와 공업' 단원

이 단원에서는 시대별 산업사회의 발달과정과 산업구조의 형태인 1차·2차·3차 산업의 상호관계를 알고 있어야 한다. 공업 발전에 필요한 요소에는 어떤 것들이 있으며, 미래사회에는 어떤 공업이 발달할 것인지를 예측하며 교과서를 읽어보는 것이 좋다. 또한 우리나라의 공업 발전과정과 공업 정책, 공업 현황, 장차 각광받을 수 있는 공업에 대해서도 알아야 한다.

2) '생산과 경영' 단원

이 단원은 사회탐구영역의 경제 과목과 밀접한 관련을 가지고 있다. 기업을 경영하는 데 필요한 기업의 역할, 기업의 규모 및 기업의 조직, 기업 윤리 등에 관련된 내용을 읽어보는 것이 좋다. 예를 들어 생산관리·공정관리·작업관리·재고관리·인사관리·품질관리 등에 관한 기본적인 뜻과 기능에 대해서도 암기하고 있어야 한다.

3) '안전과 환경' 단원

최근 들어 가장 관심이 집중되고 있는 단원이다. 따라서 이 단원에서 문제 출제의 빈도가 가장 높을 것을 예상된다. 산업 재해에 따른 재해 발생의 원리 및 재해의 종류, 그리고 각 장치별로 안전 대책을 이해해야 한다. 환경 부문에서는 공업화에 따른 공해의 종류 및 그 대책에 대해 공부해야 한다. 이 단원에서는 최근에 발생한 재해 및 환경에 관련된 내용을 신문이나 인터넷을 통하여 정리하는 것도 한 방법이다.

4) '직업 사회와 윤리' 단원

이 단원은 다른 단원보다 암기해야 할 것이 적다는 특징을 가지고 있다. 특히 교과서나 참고자료를 많이 활용할 수 있는 단원이므로 학습에 참고하기 바란다. 직업의 의미라든지, 직업 선택 방법, 바람직한 직업 윤리 등을 이해하고 교과서를 충분히 숙지하는 것이 좋다.

경제현상 분석을 통해 경제원리 파악

Profile 정 재 희

| 영란여자정보산업고등학교 교사 | EBS 수능 초이스(상업경제) 강사 |

상업계 학생들은 상업경제 · 컴퓨터 일반 · 회계원리 등의 과목을 많이 선택할 것으로 보인다. 특히 상업경제는 상업계열 학교에서 대부분 필수로 개설하는 교과다. 따라서 직업탐구영역 교과(상업계) 중 선택빈도가 가장 높다고 할 수 있다. 수능에 대비할 수 있는 상업경제 과목의 공부 요령을 구체적으로 살펴보자.

> **수능 대비 상업경제
> 학습전략**

상업경제는 정보화 사회에서 상업의 역할과 기능을 이해하고, 변화하는 경제 환경에 능동적으로 대처할 수 있는 능력을 기르는 데 목적이 있다. 상업경제 과목은 경제활동과 상업 · 유통 경제 · 금융 · 정보통신 · 무역 · 국제 경제 등 기본 지식과 더불어 우리 경제의 실생활에서 일어나고 있는 현상 등을 다루고 있다. 생활 주변에서 일어나는 경제 현상을 잘 분석한다면, 그 속에 담겨져 있는 원리나 법칙을 쉽게 발견할 수 있을 것이다.

매년 인문계(경제) 수능 경향을 살펴보면, 개념을 묻는 문제와 자료의 분석과 해석 능력을 요구하는 문제가 함께 출제되었다. 상업경제는 상업계열 교과 중 가장 기본이 되는 과목이라고 할 수 있다. 따라서 다른 교과와 연계한 개념 파악과 함께 주요 용어 암기, 실생활과 연계한 학습이 중요하다. 또한 수능 출제 유형을 파악하기가 힘들기 때문에 사회탐구영역 중 하나인 '경제' 과목 출제 형식을 참고해 대비하면 효과적이다. 또한 TV 뉴스, 신문기사에서 접할 수 있는 시사 경제에 관심을 갖고 교과 내용과 연결해서 응용할 수 있는 능력을 길러 수능에 대비해야 한다.

효과적인 상업경제 공부방법

1) 교과서에 충실하기

8종 교과서의 다양한 교과 내용을 모두 암기하기는 힘들다. 자신의 학교 교과서 위주로 공부하고, 상업계 학교에서 많이 채택하고 있는 교과서(두산동아 · 금성출판사 · 대한교과서) 등을 구입해서 같이 보는 것도 좋다. 각 교재마다 내용 구성에는 약간의 차이가 있으나, 주요 용어해설, 핵심체크 등은 반드시 암기하도록 한다. 교과서의 대단원-중단원-소단원의 전체 흐름을 파악하면서, 기본 개념과 원리들을 충실하게 정리해 두어야, 응용문제가 나올 경우에도 효과적으로 대비할 수 있다.

2) 경제 상황과 연관해서 이해하기

현재 우리나라 경제 현상과 교과서 내용을 연결해서 머릿속에 정리한 다음, 출제 의도가 무엇인지를 염두에 두면서 문제를 푸는 연습을 해야 한다. 각 단원마다 우리나라에 해당하는 부분을 지나치지 말고 기본 이

론과 연계를 통하여 이해해야 한다(예를 들어 우리나라의 산업구조, 전자상
거래 규모, 우리나라의 무역구조 등).

3) 수능 유형과 익숙해지기

사회탐구 · 과학탐구영역의 기존 문제를 살펴보고 수능의 유형을 파악하
라. 그리고 그래프 이해 능력, 경제 통계, 최근의 쟁점을 문제와 연관해
서 생각하는 훈련과 경제를 넓은 시야로 바라보는 능력을 길러야 한다.

4) 언론매체 자료 활용하기

실생활과의 연관성이나 우리 사회에서 중요하게 제기되고 있는 사회적
쟁점 등을 생각하면서 교과서를 공부해야 한다. 사회적 쟁점 등은 신문
과 TV 뉴스를 통해 경제 관련 내용을 꾸준히 접하면 된다. 경제 관련 용
어와 시사용어는 경제용어 수첩을 만들어 정리하면 효과적이다.

5) 경제 관련 인터넷 사이트 참고하기

경제용어의 체계적인 정리, 교과 내용과 연관된 통계, 경제 지표를 확
실히 이해하고, 현재 경제 상황과 상호관련시키기 위해서는 관련 인터
넷 홈페이지를 참고하는 것도 좋다(한국은행의 '재미있는 경제용어' 및 각종
경제통계, 한국무역협회, KRNIC 등).

〔 단원별 학습전략 〕

1) '경제 활동과 상업' 단원

상업과 경제에 관한 기본원리
를 중심으로 기초지식을 암기

한다. 산업구조 및 산업 분류, 우리나라의 산업구조는 통계청 자료를 함께 활용한다. 경제 발전에 따른 환경 문제 및 환경협약 내용을 요약하고, 무역과 환경을 연계한 환경무역협약도 공부하면 시험에 도움이 될 것이다. 교과서에 따라 환경 문제를 국제경영 환경에서 다루기도 하는데, 경제 발전과 환경을 연관시켜 현재의 환경 문제 및 대책을 잘 파악하고 있어야 한다.

> * 2000학년도 수능 사회탐구영역에서는 환경 오염 대책 등 우리 경제의 당면 현안과 관련된 문제들의 출제 비중이 높았다.

2) '유통 경제' 단원

생산과 소비를 연결시켜주는 유통 경제의 역할을 이해하고 생산활동과 소비활동, 물적 유통에서는 운송과 보관 등에 대해 교과서에 실린 주요 용어 위주로 암기한다. 최근의 물류비용 절감, 우리나라의 지리적 위치 등을 감안한 시사 문제도 알아야 한다.

- 물류대란(2003년)에서 나타난 문제점 및 대책 등(신문기사 참고)
- 경의선, 동해선 연결에 따른 경제 효과 등

3) '금융' 단원

금융의 기능과 종류를 숙지하고 은행·보험 및 증권회사와 같은 금융기관의 업무에 대해 이해한다. 특히 금융기관의 종류에서는 한국은행의 역할과 기능이 중요하므로, 한국은행의 금융정책 종류 및 효과를 잘 이해해야 한다.

금융 시장의 통합 현상, 세계 무역의 자유화 등 금융의 변화와 국제화 시대에 발맞춰 국제 금융의 기능과 종류, 국제금융기구에 대해서도 알고 있어야 한다.

- IMF 금융위기 이후 계속되는 금융기관의 구조조정 및 인수·합병 등(신문기사 참고)
- 한국은행의 역할, 통화신용정책의 이해(교과서 내용, 한국은행 홈페이지), 금융통화위원회 구성 및 역할 등
- 최근 금융 시사용어 암기
- 각종 경제통계 및 지표(국민소득·무역의존도·국제수지 등)

4) '정보통신' 단원

지식정보화 사회에서는 정보통신의 본질적 이해가 필연적으로 요청됨을 인식하고, 정보통신의 중요성 및 정보통신망의 기술과 종류에 대해 암기한다. 최근 늘어나고 있는 전자상거래의 개념과 유형, 국내외 현황, 대금의 안전한 지급에 관한 교과서 내용 이해와 더불어 관련 사이트를 검색하고 중요한 내용은 정리를 통해 이해한다.

IT 산업 강국으로서 정부의 정보통신 정책, 그에 따른 문제점도 함께 이해한다.

- 보안·인증에 관한 대책(정보통신부)
- 해킹·바이러스에 관한 문제점 및 대책(한국정보보호진흥원)
- 인터넷 관련 통계(KRNIC)
- 국내 전자상거래 규모

5) '국제 경영과 국제 경제' 단원

무역이 왜 중요한지, 세계화의 진전에 따른 기업의 국제화 과정과 해외 진출 과정, 변화하는 국제 환경에 대처하기 위한 방안, 기업의 국제경영 전략의 흐름을 알아야 한다. 또한 지역 간 경제 블록을 중심으로 전 세계가 지역별로 묶인다는 것을 파악하고 왜, 어떠한 방법으로, 무슨 목적으로 블록을 형성하는지 이해한다.

- 무역 자동화(EDI) — '종이 없는 무역'(한국무역협회)
- 해외 진출의 무역 형태(중국 진출 관련 기사)
- 경제 통합의 형태(최근의 한 · 칠레 간 자유무역협정을 중심으로, 지역 간 경제 블록)

* 2001학년도 수능 사회탐구영역에서는 환율의 변동 요인, 무역수지에 따른 영향을 이해하는 문제 등이 출제되었다.

실질적인 컴퓨터 활용능력에 초점

Profile **이승현**

| 대광고 교사 |

【 **컴퓨터 일반 공부법** 】

'컴퓨터 일반'은 기존 수능에 포함되었던 과목이 아니기에 문제 형태를 예측하기가 매우 어렵다. 다만 '컴퓨터 일반' 과목의 교육목표는 정보사회에서 컴퓨터를 얼마나 활용할 수 있는지에 있기 때문에 컴퓨터에 관한 전반적인 개요와 엑셀·인터넷 검색 등 실질적인 소프트웨어 활용능력 측정에 중점을 둘 것으로 예상된다. 즉 특정 컴퓨터 언어 등에 대한 깊은 지식을 요구하는 문제보다 문제해결 능력을 측정하는 데에 초점이 맞추어질 것으로 판단된다.

'컴퓨터 일반'은 컴퓨터 역사, 프로그래밍, 하드웨어, 컴퓨터 일반 등 그 범위가 넓기 때문에 한 분야를 집중적으로 파고들기가 힘들다. 출제를 하는 입장에서도 한 분야에 대해서 집중적으로, 깊숙하게 문제를 내기가 힘들다. 따라서 난이도가 그다지 높지는 않을 전망이다.

모의고사의 활용을 통한 공부 방법을 권하고 싶다. 앞으로 치러질 모의고사나 학원 등에서 문제를 구해 세심하게 풀어본다. 모의고사만큼 수능의 방향성을 잘 짚어줄 수 있는 문제유형도 없을 것이다. 또한 국가에서 실시하는 컴퓨터 활용능력시험인 워드프로세서, 정보검색사 시험에 나오는 문제들을 풀어보자. 이러한 문제들은 수능 문제와 그 유형이 비슷할 것으로 보인다.

8 chapter

대입정보

대입정보는 공부만큼 중요하다

Profile 유성룡

| 한겨레신문 진학정보팀장 |

입시 과정이 다양해지면서 정보의 중요성이 점점 부각되고 있다. 정보가 많아야 자신에게 좀더 유리한 대입 과정을 선택할 수 있기 때문이다. 이번에 교육과정이 대폭 바뀌면서 정보 수집이 중요한 화두로 떠올랐다. 7차 교육과정에 대비할 수 있는 대입정보에 대해 살펴보자.

대입 준비에서 정보는 필수다

대입 수험생을 둔 우리나라의 어머니에는 두 부류가 있다. 자녀가 중학교 시절부터 대입 정보에 관심을 두기 시작해, 입시 정보의 전문가가 된 어머니와 입시 정보를 전혀 모르는 어머니가 있다. 이는 대입정보의 중요성을 보여준다.

대입정보가 왜 중요한지, 2003학년도 대학 입시의 사례를 들어 살펴보자.

서울에 사는 수험생 A의 수능 성적은 〈표 1〉과 같으며, 학생부성적은 중·상위권이었다. 이 학생은 정시 가군 모집에서는 고려대 문과대학, 한양대 법학과, 성균관대 사회과학 계열을 희망했다. 그리고 나군 모집에서는 서강대 인문 계열, 중앙대 신문방송광고홍보 계열, 서울대 인문대학을, 다군 모집에서는 한양대 법학과, 경희대 법학과를 희망했

표 1 | 상담 수험생 A의 수능시험 성적 및 지원 희망 대학의 예상 배치 점수

구분		언어	수리	사탐	과탐	외국어	총점	구분
학생 점수	원점수	104.2	46.0	57.0	42.0	80.0	329.5	언어와 외국어 영역 반영 대학에 유리
	변환 표준점수	108	64	61	42	75	350	
총점에 의한 예상 수능 점수(변환 표준점수)		103	73	63	41	70	350	
총점 - 학생 점수의 차 (변환 표준점수)		5	-9	-2	1	5		

다. 하지만 내심 가군의 고려대 문과대학과 한양대 법학과에 합격할 수 있기를 희망했다. 그리고 학생 스스로 논술고사에 자신이 있다고 했다.

하지만 이들 희망 대학의 수능시험 일부 영역을 반영하여 지원 가능 대학을 가늠해 주기가 그리 쉽지 않았다. 어떻게 하면 좋을지 고민하다가 이 학생의 언어와 외국어영역 성적이, 총점이 같은 다른 수험생보다 우수하다는 것을 알게 되었다. 따라서 이들 대학 가운데 '수능시험 특정 영역 우수자 특별 전형'을 실시하는 곳이 있는지 살펴보았다(표 2 참조).

그런데 고려대와 한양대가 '수능시험 특정(지정) 영역 우수자 특별 전형'을 실시하는 것이 아닌가. 이들 대학의 2003학년도 지원 자격과 전형 방법을 살펴보면, 고려대가 수능시험 언어 또는 외국어영역 성적이 1% 이내이거나 만점인 자로 '수능시험 20% + 수능시험 특정 영역 (외국어) 40% + 학생부 30% + 논술고사 10%', 한양대는 수능시험 언어 영역과 외국어영역이 2등급 이내인 자로서 '수능시험(언어영역 · 외국어 영역) 100%'였다.

이 학생은 외국어영역에서 만점을 얻었지만, 고려대 문과대학에 지 원하기는 어려울 것 같았다. 고려대는 수능시험 특정 영역(외국어영역)

표 2 | 지원 희망 대학의 수능시험 반영 영역 및 예상 지원 배치 점수(변환 표준점수)

대학명	모집군	언어	수리	사탐	과탐	외국어	제2 외국어	배치 점수	학생 점수	합격 여부
고려대 문과대학	가군	●	50% 가중	●		50% 가중		318	308	불안
한양대 법학과	가·다군	●	●	●		●		318	308	불안
성균관대 사회과학 계열	가군	●	●	●		60% 가중		317	308	불안
서강대 인문 계열	나군	●	●	●				316	308	불안
중앙대 신문방송광고홍보 계열	나군	●			●	10% 가중		239	244	안전
서울대 인문대학	나군	●	●					351	308	불안
경희대 법학과	다군	●	●					253	247	안전

성적 이외에 수능시험 총점과 학생부성적을 반영하기 때문이다. 고려대 문과대학에 '수능시험 특정 영역 우수자 특별 전형'을 통해 지원하는 수험생들은 대부분 외국어영역에서 분명 만점을 받았을 것이므로, 다른 부분이 취약하면 불리하다(2003학년도 수능시험에서 외국어영역 만점자는 3,626명이었다).

따라서 이 학생에게 가군에서는 한양대 법학과(수능시험 특정 영역 우수자 특별 전형), 나군에서는 중앙대 신문방송광고홍보 계열(일반 전형), 다군에서는 경희대 법학과(일반 전형)를 권했다. 그 결과 이 학생은 일반 전형으로는 합격 여부가 불안했던 한양대 법학과에 수능시험 특정 영역 우수자 특별 전형으로 합격하는 기쁨을 얻게 되었다.

일반 전형으로는 도저히 합격할 수 없는 학생이, 수능시험 영역별 점수와 기타 전형 요소의 강·약점, 그리고 해당 전형 유형 파악 등으로 지원 희망 대학에 합격한 것이다. 이는 수능시험 일부 영역 반영의 정보를 잘 활용한 쾌거라고 본다.

2005학년도 대입도 마찬가지다. 반영 교과와 영역이 다양한 만큼, 지금부터 자신이 희망하는 대학과 학부에 대한 정보를 파악하는 것이 대입 성공의 지름길이다.

자신에게 맞는 모집단위와 대학을 찾아라

새로 도입된 7차 교육과정의 2005학년도 대학입시는 현행과 마찬가지로 두 번의 '수시모집'과 세 번의 '정시 모집', 그리고 '일반 전형'과 대학의 교육 목적에 따라 다양한 소질과 적성을 지닌 학생을 선발 대상으로 하는 '특별 전형'을 통해 시행된다. 학생 선발 방법에서도 대학별로 수능시험, 학생부성적, 면접·구술고사, 논술고사, 자기소개서, 학업계획서 등 다양한 전형 요소가 활용된다.

2005학년도 대학입시를 준비하는 학생들은 자신의 특기와 적성·진로·능력 등에 적합한 모집단위와, 이들 모집단위를 설치하고 있는 대학에 대해 살펴보아야 한다. 그리고 자신의 특기와 진학 조건이 일반 전형 이외에 어느 특별 전형에 해당되는지 알아보고, 이들 특별 전형이 지원하고자 하는 모집단위에도 적용되는지 살펴본다. 그 다음에는 지원하고자 하는 모집단위 또는 전형 유형의 학생 선발 방법을 꼼꼼하게 살펴보고, 해당 전형 요소를 차분히 준비한다.

2005학년도 대학입시에 대한 대학별 세부적인 반영 계획이 아직 발표되지 않아 구체적인 학습 대비에 어려움이 있을 수 있다.

정보를 이용하여 입시전략 세우기

맞춤식 입시전략을 세워라

수험생과 학부모로부터 가장 많이 듣는 질문이 입시전략에 관한 내용이다. 그러나 요즘과 같이 대학입시가 복잡하고 다양한 상황 하에서 효과적인 입시전략을 제시한다는 것은 그리 쉽지 않다. 4년제 대학 199개가 각각 10가지의 전형을 실시한다고만 해도, 전형 유형은 1,990가지에 이른다. 수험생에게 맞춤한 입시전략을 제시하기란 매우 어렵다.

이런 상황에서는 수험생 개인의 자료, 즉 지원 희망 학과(전공)와 특기·적성, 장래 희망, 학생부성적, 수능시험 성적 등을 기준으로 '맞춤식 입시전략'을 수립해야 한다.

일반적으로 "학생부성적이 좋으면 수시모집에 지원하고, 수능이 좋으면 정시모집에 지원하라"는 입시전략을 제시한다. 그런데 이는 몇몇 특별한 수험생에게 해당하는 입시전략이다. 왜냐하면 대부분의 수험생들은 학생부성적이 좋으면 수능시험 성적도 좋게 나오기 때문이다. 입시전략이란 수험생 개개인의 정확한 자료가 있어야만 세울 수 있는 사항이라고 본다.

각 대학에서 실시하는 다양한 전형들 가운데 자신이 지원할 수 있는 유형에 대해 파악한다. 그리고 지원 희망 모집단위를 설치하고 있는 대학과, 이들 대학에서 실시하는 전형 유형을 살펴본다. 그러고는 이들 대학의 해당 전형이 수시모집인지, 정시모집인지에 대해 파악한다. 모집 시기별 전형 방법을 자세히 살펴본 후 수험생 본인에게 유리한 전형 요소를 반영하는 대학을 분별해 낸다.

전형 요소 가운데 학생부는 대학별 반영 교과목과 점수 산출 활용 지표(석차인지, 평어인지), 학년별 반영 비율, 실질 반영 비율(학생부 최고 점수에서 학생부 최저 점수를 뺀 점수가 전형 총점에서 차지하는 비율) 등을, 수능의 경우에는 반영 비율은 물론 반영 영역과 가중치 부여 영역, 최저 등급 적용 여부 등을 정확히 파악해야 한다.

이뿐만 아니라 지원 희망 모집단위와 대학의 과년도 입시 결과(모집 시기 및 전형 유형별 지원 경쟁률과 수능시험 및 학생부성적 등)를 살펴보고, 자신의 현재 성적과 비교해 본다. 논술고사 또는 면접·구술고사 등을 실시한 대학이라면, 이들 대학의 과년도 문제를 입수하여 풀어보는 것이 좋다.

【 수능 영역별 가중치를 알면 대학이 보인다 】

입시전략을 세웠다면, 이제 대입에서 가장 중요한 요소들에 대한 개념을 정리해 둘 필요가 있다. 먼저 수능 영역별 가중치를 살펴보자.

수능 영역별 가중치란 대학의 계열이나 모집단위의 특성에 따라 수능 특정 영역의 득점에다 일정 비율의 가산점을 부여하는 제도다. 수능시험 전 영역의 총점보다 일부 영역의 점수를 합산·반영하는 대학이 늘어나면서 그 중요성이 더욱 부각되고 있다. 수능 성적 1~2점에 대학합격의 희비가 엇갈리는 현 입시 제도에서 수능 특정 영역에 가중치를 부여한다는 것은 영역별 문항당 점수 차를 더욱 벌리는 결과로 나타난다. 따라서 수험생들은 지원 희망 대학의 수능 영역별 가중치를 꼼꼼이 알아둘 필요가 있다.

예를 들어 2004학년도 대학입시에서 국민대 공과대학처럼 외국어영역에 100%의 가중치를 부여할 경우, 이 대학을 지원하고자 하는 수험생의 수리영역의 문항당 차등 배점 폭은 1점(2점, 3점, 4점)에서 2점(4점, 6점, 8점)으로 두 배가 된다. 즉 70점을 얻었다면 140점이 되는 셈이다. 2004학년도 대학입시에서는 고려대·연세대·충남대 등 47개 대학이 이를 적용하는 것으로 나타났는데, 2005학년도에는 가중치의 영향력이 더욱 늘어날 것으로 예상된다.

가중치 부여 대학의 수능 성적 산출 방법

연세대 인문계 모집단위를 예로 들어 살펴보자(2004학년도 기준). 연세대 인문계 모집단위는 사회탐구영역과 외국어영역에 각각 50%의 가중치를 부여한다. 따라서 이를 수능시험 400점 만점 기준으로 각 영역에 적용해 보면 다음과 같다.

사회탐구영역 : 72점×1.5가 되므로 만점은 108점

외국어영역 : 80점×1.5가 되므로 만점은 120점

그러므로 연세대 인문계 모집단위의 실질 수능시험 만점은 '언어 120점 + 수리 80점 + 사회탐구 108점 + 과학탐구 48점 + 외국어 120점'으로 총 476점이 된다. 위와 같은 식으로 계산하면, 각 대학의 가중치가 부여된 수능시험 만점을 쉽게 파악할 수 있다.

수능 영역별 가중치와 관련하여 수험생들이 유의해야 할 사항으로는, 대학의 계열과 모집단위에 따라 가중치 부여에 차이가 있다는 점과, 대학의 모집단위에 따라 특정 영역의 성적을 전혀 반영하지 않는다는 점을 들 수 있다. 예를 들면, 고려대 인문계 모집단위는 과학탐구영역의 성적을, 자연계 모집단위는 사회탐구영역의 성적을 반영하지 않는다. 따라서 수험생들은 자신이 지원하고자 하는 대학이 어느 영역을 반영하는지와, 어느 영역에 가중치를 얼마나 부여하는지에 대해 미리 알아두고, 앞으로 남은 수능 준비기간 동안 이에 맞는 학습방법을 강구해야 한다.

대학의 모집단위 특성과 비슷한 수능의 영역 또는 과목을 선택한 지원자(현행 수능시험 응시 계열 간 교차지원 희망자)에게는 가산점을 부여하는 대학 등이 예년에 비해 크게 늘어났다. 따라서 이 부분에 관한 입시 정보도 정확히 숙지해 둘 필요가 있다.

2005학년도 수능시험의 성적통
지표부터 영역과목별 표준점수
와 백분위, 그리고 등급만 표기

된다. 표준점수와 백분위는 소수 첫째 자리에서 반올림해 정수형태로
표기되며, 등급은(9등급제) 현행과 같다.

표 3 | 2005학년도 수능 성적통지표(예시)							
수험번호	**성 명**		**주민등록번호**	**출신고교(반 또는 졸업년도)**			
1234567	홍 길 동		861234-1087654	한국고 (2003)			
구 분	언어	수리(가형) 미분과적분	외국어 (영역)	사회탐구				제2외국어/한문 일본어
				윤리	세계지리	세계사	정치	일본어
표준점수	131	137	141	53	64	61	73	69
백분위	93	95	97	75	93	87	97	95
등 급	2	2	1	4	2	3	1	2

※ 출처 : 한국교육과정평가원

1) 표준점수제의 도입

'선택 중심'의 2005학년도 수능에서 가장 주목할 만한 변화는 표준점
수의 도입이다. 2005학년도 수능은 응시할 영역(과목)을 수험생이 직접
선택하기 때문에, 영역(과목) 간 난이도를 조절하기가 매우 어렵다. 따
라서 난이도 조절을 위해 표준점수제가 만들어진 것이다. 표준점수는
수험생이 받은 원점수가 해당 영역(과목)을 선택한 전체 응시생의 평균
으로부터 표준편차의 몇 배만큼의 차이가 나는지를 점수로 표현한 것
이다.

표 4 | 영역 · 과목별 원점수와 표준점수

영역	문항 수	원점수 만점	표준점수		
			평균	표준편차	범위
언어	60	100	100	20	0~200
수리	30	100	100	20	0~200
외국어(영어)	50	100	100	20	0~200
사회 · 과학 · 직업탐구	20	50	50	10	0~100
제2외국어 · 한문	30	50	50	10	0~100

* 사회 · 과학 · 직업탐구영역과 제2외국어 · 한문영역의 경우 1과목의 문항 수, 표준점수임
* 범위는 (해당영역/과목의 평균) ± 5×(해당영역/과목의 표준편차)임

　　원점수에는 만점이 있었으나, 표준점수에는 각 영역의 평균과 표준 편차가 다르기 때문에 만점은 없고 최고점이 있다. 표준점수에서는 어 려운 영역에서 높은 점수를 얻는 것이 수험생에게 유리하다고 하지만, 현 시점에서 2005학년도 수능의 난이도를 예측하기 어렵기 때문에 수 험생은 자신이 선택할 과목을 빨리 정해서 학습해야 한다.

2) 백분위

백분위는 해당 영역에서 수험생 개인이 차지하는 순위를 나타낸 것이 다.

3) 등급

등급은 영역과목별 표준점수에 따라 수험생을 9등급으로 나누어 해당 등급을 표시한 것이다. 1등급은 영역과목별 전체 수험생의 상위 4%, 2 등급은 7%(누적백분율 11%), 3등급은 12%(누적 23%), 4등급은 17%(누적

40%), 5등급은 20%(누적 60%), 6등급은 17%(누적 77%), 7등급은 12%(누적 89%), 8등급은 7%(누적 96%), 9등급은 4%(누적 100%)이다.

입시분석가 유성룡이 권하는 입시 9단계 전략

1단계 : 특기·적성 및 장래 희망 등에 맞는 목표 학과(전공)를 선택한다.
2단계 : 선택한 목표 학과(전공)를 설치하고 있는 대학을 파악한다.
3단계 : 목표 대학 및 학과(전공)의 전형 유형을 알아본다.
4단계 : 목표 대학 및 학과(전공)의 전형 유형별 모집 시기를 파악한다.
5단계 : 전형 유형 및 모집 시기별 전형 방법과 지원 자격 등을 파악한다.
6단계 : 목표 대학 및 학과(전공) 중 지원 가능한 대학 및 학과(전공)를 선정하고, 이들 대학 및 학과(전공)의 전형 요소를 분석한다.
7단계 : 수험생 본인에게 유리한 전형 요소를 반영하는 대학과 학과(전공)를 선정한다.
8단계 : 앞으로 남은 입시 준비기간 동안 준비해야 할 사항들을 정리하고, 세부 계획을 수립하여 실천한다.
9단계 : 수시로 지원 희망 대학의 홈페이지에 들어가 필요한 입시 정보를 습득하며 자신감을 갖는다.

9
chapter
심층면접

면접을 둘러싼 미신을 버려라

Profile 박원우

| 서울대 자연과학대학 수의예과 재학 중 | 심층면접 우만구만(http://cafe.daum.net/urigusul)의 운영자 |
| 〈한국고교신문〉에 심층면접에 관한 기사 연재 | 《우리가 함께 만들어가는 구술만점》 저자 |

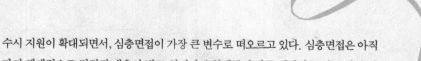

수시 지원이 확대되면서, 심층면접이 가장 큰 변수로 떠오르고 있다. 심층면접은 아직까지 체계적으로 정립된 내용이 별로 없어서 수험생들이 잘못 생각하고 있는 점이 많다. 이를 '심층면접의 미신'이라고 한다. 이 같은 잘못된 인식을 고쳐야만 심층면접에서 좋은 성적을 거둘 수 있다.

심층면접에 관한 미신 네 가지

면접이란 시험은 직접 겪어보기 전까지는 누구에게나 어렵기 마련이다. 면접 대비 수업을 운용하는 학교가 거의 없기 때문에 수험생들은 대부분 직접 인터넷을 항해하며 정보수집을 하게 마련이다. 그러다 보니 면접이란 분야에서는 무수한 '속설과 미신'이 난무하고 있는 실정이다. 이 같은 오해와 편견에 기초해서 심층면접을 준비한다면, 그 결과가 좋을 리 없다. 따라서 심층면접에 관한 미신을 타파하고 정설을 알아보는 작업은 면접 준비의 중요한 첫걸음이다.

1) 미신1 : 심층면접은 곧 시사(時事)다!

대학이 원하는 건 시사 지식의 양이 아니라 수험생 본인의 생각이다. 그 생각을 끌어내기 위해 시사적 소재에서 문제를 출제하는 것뿐이다. 실제로 서울대는 2002학년도 수시모집부터 "지나치게 시사적인 문제는 피했다"라는 보도자료를 내놓고 있다. 처음 심층면접의 모델을 제공한 것도 서울대이고, 또 서울대의 위상을 고려해 볼 때, 이는 곧 하나의 추세로 자리잡을 가능성이 크다.

2) 미신2 : 예상문제만 적중하면 성공이다!

수험생은 예상문제와 해답을 알아내고야 말겠다는 욕구가 매우 강하다. 터무니없이 높은 가격의 면접 학원이 성업 중인 이유도, 이런 욕구를 가진 수요자들이 있기 때문이다. 그런데 예상문제와 해답에 대한 집착이 성공으로 이어지려면 다음의 두 가지 전제가 충족되어야 한다.

- 예상문제가 실제 면접에서 그대로 적중된다.
- 적중될 경우, 그 해답대로 외워서 답하고 나오면 면접이 종료된다.

불행하게도 위의 두 가지 전제가 모두 실현되기란 매우 어렵다. 먼저 예상문제가 잘 적중되지 않는 이유는, 수험생들의 암기된 답변을 차단하기 위해서 대학측에서도 나름대로 고심 끝에 문제를 출제하기 때문이다. 설사 예상문제가 적중됨으로써 준비한 답안을 앵무새처럼 읊조렸다고 해도, 교수들이 "잘 했어요" 하면서 그냥 보내주지도 않는다. 면접은 준비한 대로 말하면 끝나는 '발표'가 아니라 학생과 교수 간 문답과 논쟁의 '과정'이기 때문이다.

3) 미신3 : 면접은 준비할 수도, 준비할 필요도 없는 시험이다!

이런 운명론(?)적인 태도는 면접을 경험한 선배들이 유포한 미신이다.

이는 앞에서 설명한 것처럼 시사적 소재의 예상 문제만 잔뜩 준비하고 갔는데 전혀 적중되지 않은 쓰라린 경험으로부터 성급하게 '일반화' 된 결론일 가능성이 높다. 또한 준비할 필요가 없다는 건, 준비해 간 예상 문제와는 전혀 다른 문제가 나왔지만, 평소 실력으로 잘 치러냈다는 유쾌한 경험에서 비롯된 자신감의 피력일 뿐이다. 그러나 이 세상에 준비할 수 없거나, 준비할 필요가 없는 시험은 존재하지 않는다.

4) 미신4 : 치의대 면접에서는 치아에 대해 물어본다

이는 3~4년 전 심층면접 초기의 시행 방식에서 유래된 속설이다. 그 당시에는 학과별로 신입생을 뽑았거나, 학부제가 시행되었더라도 초기 단계였기 때문에 면접에서 수험생이 지원한 학과에만 관련되는 내용을 물어보는 경우가 많았다. 그러나 이제는 특정 학과 단위가 아닌 학부(여러 학과를 통합한 것) 단위로 신입생을 선발하기 때문에, 지원 학과에만 해당하는 전공 관련 내용을 묻는 경우는 거의 없다. 최근에는 학부 단위도 아닌 인문계ㆍ자연계로만 구분한 통합 문제가 출제되는 경향이 뚜렷하다. 따라서 학부 단위의 준비조차 할 필요가 없는 대학들이 많다.

심층면접에서는 인문계ㆍ자연계 구분 없이 '기본 소양'과 '전공 적성' 등과 같은 두 종류의 문제가 출제된다. 기본 소양은 지원 학부와 상관없이 대학 공부에 요구되는 기본적인 사고력과 논리력ㆍ표현력ㆍ인성ㆍ태도 등을 측정하기 위한 질문 영역이다. 전공 적성은 지원 학부에서 전공 수업을 잘 소화해 낼 수 있는 능력 유무를 알아보려는 질문이다. 결코 지원 학부의 전공에 관한 지식을 얼마나 가지고 있는지를 확인하려는 것이 아니다.

심층면접의 반론 유형과 대책

"실제 면접장에 들어가면 교수님들이 학생 답변에 집요하다 싶을 정도로 반박을 하신다." "면접 끝나고 거의 울면서 나오는 애들도 많다."

심층면접에 웬만큼 관심을 두고 있는 학생이라면 한번쯤 들어보았을 이야기다. 과장된 측면이 있기는 하지만 어느 정도는 맞는 말이다. 그렇다고 면접관들이 무섭고 깐깐하다는 선입견을 갖고 겁먹을 필요는 없다. 단지 면접관들은 논리적인 측면에서 수험생 답변에 이의를 제기하거나, 학생의 생각을 좀더 알아보고 싶을 때 추가 질문을 하는 것뿐이다. 그런데 여기서 우리가 반드시 주목해야 할 것이 있다. 바로 면접관들의 반론과 추가 질문에도 일정한 '유형'이 존재한다는 사실이다.

1) 반론 유형 1 : 전제(근거)가 참이 아니라고 반박한다

올림픽에서 메달을 획득한 운동선수는 국위 선양을 했으므로 병역을 면제해 주어야 한다는 학생의 주장을 전제와 결론이 드러나는 형태로 재구성하면 다음과 같다.

국위 선양을 했다면(전제), 병역 면제로 보상을 해주어야 한다(결론).

면접관들은 전제 자체를 일단 의심하기 때문에 이 같은 반박이 가능하다.

"올림픽에서의 메달 획득이 과연 국위 선양일까? 단발성 이벤트가 아닌가? 외국의 태권도 사범이나 한류 열풍을 주도하는 연예인들이 차라리 지속적인 국위 선양을 하는 것이 아닐까?"

2) 반론 유형 2 : 전제가 참이라고 하더라도 결론은 거짓일 수 있다고 반박한다(반례 제시법)

전제가 참임을 인정하더라도, 그로부터 반드시 그런 결론이 나오는 것은 아니라는 반박 논리다.

"운동선수의 메달 획득을 국위 선양이라고 인정하더라도, 거기서 병역을 면제해 주어야 한다는 결론이 자연스럽게 도출되는 건 아니다. 어떤 남자 무용수가 세계적인 콩쿠르에서 1등을 했다고 해도 병역을 면제해 주지는 않는다. 이는 어떻게 설명할 수 있을까?"

이처럼 반박 논리의 유형을 이해한 다음에는, 그에 대한 대비책을 세워야 한다.

3) 대책 1 : 예상되는 반론을 사전에 차단한다(일명 김빼기 작전)

상대 주장에 대해 반박을 많이 해보았다면, 당연히 자기주장에 대해 상대가 어떤 반박을 할지도 예측 가능하다. 토론을 많이 해보면, 이런 능력을 갖는 것이 그리 어려운 일만은 아니다. 상대가 생각하고 있던 반박을 내 쪽에서 먼저 설명해 버리면 상대는 좀 맥이 빠지게 마련이다. 이 평범한 원리를 면접 상황에 적용하면 다음과 같은 답변이 가능하다.

> "어떤 사람들은 스포츠란 단발성 이벤트에 불과하며, 지속성이 없다는 이유로 메달 획득이 갖는 국위 선양 효과를 의심합니다. 저도 지난 2000년 시드니 올림픽 리듬체조 금메달리스트가 어느 나라 사람인지 기억을 못합니다. 그러나 메달 획득이란 이벤트를 꼭 그처럼 선수 개인별 또는 연도별로 분리해 기억하는 것은 오히려 부자연스러운 일이 아닐까 생각합니다. 세계 시민들의 기억 속에 자연스럽게 남는 것은 그처럼 분리된 개인의 업적이 아니라 '축적된 국가 이미지' 이기 때문입니다. 스포츠에서의 메달 획득은 그 축적의 결과로 국가 이미지를 세계 시민들의 뇌리에 각인시키는 효과가 분명히 있습니다. 메달리스트는 그 축적에 분명 일정 부분 공헌을 했을 겁니다."

4) 대책 2 : 논리에서 밀리면 내용으로 얘기하라

남자 무용수는 아무리 국위 선양을 해도 병역을 면제해 주지 않는다는 반례에 대해서는 사실 재반박이 거의 불가능하다. 이처럼 논리적으로 빠져나가기 힘든 반박에 대해서는 "모든 경우를 논리적 타당성이라는 잣대로만 평가할 수는 없다", "그건 논리와는 다른 영역이다" 등과 같은 방식으로 대응할 수밖에 없다.

"법이나 제도는 어떤 제1의 원칙으로부터 연역되어 나온 논리적 판단의 결과물이라기보다는 사회 구성원들 간 합의의 산물이라고 생각합니다. 논리적인 측면으로만 본다면 마약에 대한 규제는 불합리합니다. 마약이 나쁜 이유는 그 환각성과 중독성 때문입니다. 그런데 마약은 환각성에서는 술에 못 미치고, 중독성에서는 담배에 못 미친다고 합니다. 그렇다면 가장 우선적인 규제 대상은 마약복용자가 아니라 술 마시면서 담배 피는 사람이 되어야 할 겁니다. 그런데 그렇게 하지 않는 이유는 우리 사회 구성원들의 합의가 논리보다 더 존중받기 때문이라고 생각합니다. 적어도 우리 사회에서는 스포츠가 주는 효용이 엄청나고, 따라서 무용수보다는 메달리스트를 우선시해야 한다는 사회적 합의에 도달했다고 볼 수 있습니다."

심층면접의 준비요령

평소에 꾸준히 준비를 해야 한다. 하루아침에 심층면접에 대비할 수 있는 실력이 생기지 않는다. 독서와 사색을 많이 하고, 비판적 사고를 기르는 연습을 꾸준히 해야만 한다.

【 지원학부별 면접 준비요령 】

1) 상경 계열

경제 교과서를 많이 읽으면서 기회비용, 탄력성 등 경제학적 기본 개념과 통화량·물가·실업률·환율·금리 등의 상관관계를 이해해야 한다. 그런 다음, 그 원리를 이용하여 현재 우리나라의 경제 현상을 설명해 보는 연습을 하는 것이 좋다. 예를 들어 "현재 우리나라는 극도의 불황 상태인데 콜금리를 인하하려고 한다. 그럴 경우 어떤 현상이 발생할까?" 이 같은 유형이 경제 관련 학과에서 시행하는 전공 적성

문제의 전형이기 때문이다.

2) 법정 계열

사회 · 정치 교과서를 읽으면서 기본적인 배경 지식을 확인한다. 그리고 분쟁이나 갈등 상황에서 자신의 입장을 논리적이고 설득력 있게 표현할 수 있는 연습을 해야 한다. 단, 일방적인 자기 의견의 발표가 아니라 공방이 오가는 토론이어야 한다. 예를 들어, "자신이 사는 지역 인근 병원이 사스 환자 전담 병원으로 지정된다고 한다. 이 소식을 접한 주민들은 단체 행동을 하려 한다. 이는 집단이기주의의 발현인가, 아니면 생존권의 사수인가?" 또는 "우리 집앞 빙판에서 미끄러져 부상을 당한 사람이 눈을 제때 쓸지 않은 나에게 손해배상을 요구한다. 과연 이를 나의 책임으로 볼 수 있는가?" 등의 문제에 대해서 관련 법규를 찾아 외우는 것은 과잉 준비다. 논리적이고 현실적으로 타당성 있는 답변을 준비하면 된다.

3) 자연 계열

수학 · 과학 교과서를 자세히 보자. 자연 계열이라면 학부에 상관없이 고등학교 수학 · 과학 문제가 출제된다. 다만 수능시험처럼 정답을 쓰는 게 중요한 것이 아니라 그 풀이 과정이 중요하다. 면접관 앞에서 문제를 풀면서 해설을 해야 하기 때문이다. 그 과정에서 어떤 기본 개념을 이해하고 있는지가 자연스럽게 드러날 수밖에 없다. 면접관들이 보고자 하는 것도 바로 그런 부분이다. 문제 푸는 요령을 익히던 평소 수능 준비 방식에서 벗어나 그 동안 지나쳐왔던 기본원리들을 다시 확인해야 한다. 그런 다음 각 대학의 기출문제를 풀어본다. 단 의학 계열에서는 생명윤리(낙태·안락사·복제 등)나 의사윤리에 관한 문제가 출제될 수 있으므로 그에 대한 대비도 착실히 해두는 것이 좋다.

4) 기타 학부

여기에는 상경·법정 계열을 제외한 모든 인문 계열 학부가 포함된다. 앞에서 소개한 세 계열의 문제는 뚜렷한 경향이 있는 반면, 그 외 학부에서는 이렇다할 출제 경향이 없다. 따라서 기출문제를 중심으로 준비할 수밖에 없다. 자신이 A대학 인문학부에 지원했다면, A대학 인문학부 기출문제는 물론, B대학·C대학 인문학부 문제까지 풀어보아야 한다. 지문의 내용을 제대로 이해하고 있는지가 50%의 비중을 차지한다. 따라서 기출문제를 풀어보면서 짧은 시간 내에 정확한 문제 의도를 파악하는 훈련을 해야 한다.

심충면접을 잘 하는 방법

심충면접을 잘 하려면 벼락치기로는 당연히 불가능하다. 최소한 1년 전부터 꾸준히 준비하면 숙련자가 될 수 있다. 1주일 준비하고 면접을 잘 보겠다는 건 도둑의 심보다. 여러분은 수학시험을 잘 보기 위해서 무려 12년을 투자하지 않는가. 1년만이라도 투자하겠다는 의지가 있는 학생은 심충면접을 잘 보겠다는 꿈을 꿀 자격이 있다.

1) 문제 의식을 가져라

심충면접을 준비하면서 자신에게 부족한 것이 무엇인지 문제 의식을 가지고 살펴야 한다. 기출문제를 훑어보았는데, 무슨 소리인지 하나도 모르겠다고 느낀다면 자신에게 기출문제를 파악하지 못하는 난점이 있는 것이다. 이와 같은 학생은 어떻게 해야 기출문제의 의도를 이해할 수 있을지 고민하면서 해결점을 찾으면 된다.

2) 좀더 깊이 있게 영어를 공부하라

최근 면접에서는 영어지문 출제가 대세를 이루고 있다. 외국어영역 준비를 철저히 하는 것으로 대비하되, 여력이 있으면 영자 신문이나 영자 주간지, 영자 월간지를 본다.

3) 토론을 하라

심층면접은 학생의 일방적인 발표가 아니라 면접관과 학생 간 문답의 과정이다. 주어진 문제에 대한 최초 답변을 잘 했어도, 면접관의 반박에 속수무책이라면 좋은 점수를 얻을 수 없다.

평소에 토론을 하다 보면 상대의 반박을 미리 예상해서 자기주장의 오류를 최소화하는 능력, 상대 반박을 재반박하는 능력이 자연스럽게 길러진다. 이는 심층면접을 잘 치르기 위한 필요조건이다. 게다가 면접관이 개입하지 않은 채 학생들끼리의 집단토론 자체를 평가하는 대학도 있다. 그럴 경우에는 토론이 바로 면접시험인 셈이다.

흔히 책을 읽고 비판적 사고를 체질화하면 면접 준비가 되는 것으로 아는데, 이는 큰 오산이다. 그런 과정을 거친 후에 실제로 입 밖으로 소리내어 말을 해보는 것까지가 '면접 공부' 다. 말을 해보지 않고 끝낸다면, 그건 그냥 '공부' 다. 토론 상황에서 말한 경험이 너무도 없었던 바람에, 면접장에서 내뱉는 자신의 말소리가 스스로에게조차 낯설게 들리는 수험생들이 많다. 그럴 경우 점점 더 긴장하게 되고, 목소리가 덜덜 떨리게 되고, 머릿속은 텅 비게 된다.

1. 학과 단위의 출제가 없어졌다. 게다가 학부 단위의 출제도 거의 없

다. 인문계와 자연계로 나누어 계열별로 출제하는 경향이다. 심지어 기본 소양 문제는 문 · 이과 공통으로 출제되기도 한다.

2. 지문이 주어지고 그와 관련한 2~3개의 문항이 출제된다. 즉 세트 문항이 출제의 기본이다. 1~2년 전만 해도 수험생은 면접시험장에 입실하면서 즉석에서 질문을 받았다. 하지만 이제는 수험생들에게 대기실에서 문항 카드를 뽑아 문제를 보고 생각할 시간을 미리 주는 형식(5분 정도)이 일반적이다. 따라서 순발력에 의존해 그 자리에서 답할 수 있는 문제보다는, 좀더 심층적이고 조직적인 사고를 요구하는 문제가 출제되는 경향이다.

3. 영어지문이 나온다. 국문지문일지라도, 인문 계열이라면 한자가 부분적으로 삽입된 지문이 출제될 수 있다. 보통 2~3개의 지문이 함께 나오는데, 그 중 영어지문이 반드시 하나 이상은 있다고 보아야 한다. 대학 또는 지원 학부에 따라 한자가 뒤섞인 국문지문이 출제되는 경우도 있다.

4. 형식은 내용까지 좌우한다. 단편적인 시사 상식을 묻는 문제는 거의 출제되지 않는다. 세트 형식의 문제에 구체적인 시사적 내용을 담기는 어렵다. 따라서 시사 문제에서 소재를 취할 수는 있지만, 그 내용과 관련해서 좀더 추상적이고 일반적인 내용이 지문으로 나오게 마련이다. 질문 역시 거기에 보조를 맞출 수밖에는 없다. 신문을 많이 읽으면 다 해결된다는 속설은 과거에도, 현재에도, 아니 현재에는 더더욱 소박한 믿음에 불과하다.

5. 자연계 심층면접은 수학 · 과학이다. 고등학교 수학 · 과학 교과 내용을 묻는 문제가 출제된다. 초기에는 교과 내용을 일상생활의 소재

와 연관짓는 문제가 주류를 이루었지만, 현재는 문제풀이 위주다. 어떻게 보면 비(非)교과적 내용에서 교과적 내용으로의 회귀가 이루어진 셈이다. 하지만 수능처럼 단순한 문제풀이는 아니다. 면접관 앞에서 논리적으로 설명을 해야 하기 때문에 정답보다는 과정이 중요하고, 또 그 과정에 오류가 없어야 한다. 물론 면접관의 후속 질문도 각오해야 한다.

지원 학부별 필독서

<table>
<tr><td>【　　　　인문 계열　　　　】</td><td>《역사란 무엇인가?》(E.H. 카), 《그리스 · 로마 신화》, 《소피의 세계》(요슈타인 가아더), 《도덕경》</td></tr>
</table>

(노자), 《죄와 벌》(도스토예프스키), 《수상록》(몽테뉴), 《팡세》(파스칼), 《정의
론》(존 롤스), 《국가론》(플라톤), 《페스트》(알베르 카뮈), 《게으름에 대한 찬
양》(버트런드 러셀), 《멋진 신세계》(올더스 헉슬리), 《맹자》(맹자), 《삼국유
사》(일연) 등.

<table>
<tr><td>【　　　사회과학 계열　　　】</td><td>《자본주의 사회주의 민주주의》 (슘페터), 《물질문명과 자본주 의》(페르낭 브로델), 《제3의 길》(앤</td></tr>
</table>

서니 기든스), 《사회계약론》(장자크 루소), 《자유론》(존 스튜어트 밀), 《유토

피아》(토마스 모어), 《국화와 칼》(루스 베네딕트), 《성의 역사》(미셸 푸코), 《슬픈 열대》(레비 스트로스), 《택리지》(이중환) 등.

| 상경 계열 | 《국부론》(애덤 스미스), 《인구론》(맬서스), 《21세기 지식경영》(피터 드러커), 《맨큐의 경제학》(그레고리 맨큐), 《프로테스탄티즘의 윤리와 자본주의 정신》(막스 베버) |

《국부론》(애덤 스미스), 《인구론》(맬서스), 《21세기 지식경영》(피터 드러커), 《맨큐의 경제학》(그레고리 맨큐), 《프로테스탄티즘의 윤리와 자본주의 정신》(막스 베버)

법정 계열

《시민 정부론》(존 로크), 《목민심서》(정약용), 《성과 속》(M. 엘리아데), 《법의 정신》(몽테스키외), 《범죄와 형벌》(베카리아), 《군주론》(니콜로 마키아벨리), 《한비자》(한비자), 《실천론-모순론외》(모택동), 《역사의 종말》(프랜시스 후쿠야마), 《솔로몬의 선택》(강인숙 편저)

사범 계열

《에밀》(장자크 루소), 《격몽요결》(이이), 《일반언어학 강의》(페르디낭 드 소쉬르)

자연과학 계열

《과학혁명의 구조》(토머스 쿤), 《부분과 전체》(베르너 하이젠베르크), 《생명이란 무엇인가》(E. 슈뢰딩거), 《인간현상》(데야 르 샤르뎅), 《파브르 곤충기》(장 앙리 파브르), 《종

의 기원》(찰스 다윈), 《프린키피아》(아이작 뉴튼)

【　　　의예 계열　　　】 《이기적 유전자》(리처드 도킨스), 《의학철학》(헨릭 울프 등저), 《생각하는 생물》(프랭크 헤프너), 《의료 윤리의 새로운 문제들》(제이 홀맨 등저), 《생명 윤리의 철학》(구인회), 《아픈 것도 서러운데 : 의약분업 시대 환자의 권리장전》(김철환 등저)

【　　　공학 계열　　　】 공학은 자연과학적 지식을 응용한 분야다. 따라서 현재 수험생 신분의 예비 공학도가 교양을 쌓기 위해 읽어야 할 책은 자연과학 계열의 권장 도서와 중첩될 수밖에 없다. 직접적으로 공학에만 관련된 도서는 너무 전문적이라 수험생이 읽기에는 무리가 있고, 아직 읽을 필요도 없다.

10 chapter

논 술

한 번을 써도 완벽하게 쓰자

Profile 안광복

| 서강대 대학원 철학과 박사과정 | 중동고 철학교사 |
| 《청소년을 위한 철학자 이야기》 저술 | 《생각하는 도덕윤리교육》 공저 |

대학별 고사는 각 대학이 자율적으로 시행할 수 있다. 하지만 논술고사 외 필답고사는 제한되므로, 논술이 한층 중요하게 되었다. 난이도가 높아질 것으로 예상되는 2005학년도 수능 경향에 맞추어, 논술도 현상이나 원리를 얼마나 깊게 이해하고 표현하는지를 평가하는 문제가 출제될 전망이다.

논술을 바로 알자

**점수를 얻기보다 잃지
않는 방향으로 공부한다**

대입 전형에서 논술이 '새롭게' 도입된 지도 어느덧 10년이 넘어간다. 하지만 예나 지금이나 대입 전형 중 논술만큼 거품이 심한 시험도 없다. 수험생에게 논술고사는 하늘이 캄캄해질 만큼 높고 어려운 장애물처럼 보인다. 2003학년도 입시에서만도 논술(심층면접 포함) 때문에 전체 응시생 중 20%가 당락이 바뀌었다니, 어찌 '쫄지 않을 수' 있겠는가? 게다가 시중에 널려 있는 논술 전문 학원들은 수험생들의 마음을 더더욱 짓누르고 있다.

하지만 대입논술은 생각만큼 넘기 어려운 산도, 입시의 당락을 가늠하는 결정적인 시험도 아니다. 대입을 판가름짓는 것은 결국 수능성적과 학생부(내신)다. 이에 비하면 논술·구술면접 등은 그다지 대수롭지 않은 시험이다. 논술은 수능과 내신을 뒤집을 수 있는 전형이 아니다.

전형 비중으로 볼 때 논술은 수능과 내신성적에서 잃은 점수를 만회한다기보다는 경쟁 수험생보다 점수를 '잃지 않는 데' 주력해야 하는 시험에 속한다.

어느 대학, 어느 학과이건 지원하는 수험생들 간의 수능 점수와 내신의 격차는 그다지 크지 않다. 알기 쉽게 수능 원점수로 설명해 보자. 320점이 합격 평균점인 학부에 390점을 받은 학생이 지원하는 경우는 매우 드물다. 마찬가지로 250점인 학생이 '배짱지원' 하는 경우도 많지 않다. 수험생은 자신이 받은 점수에서 1점도 손해 보고 싶지 않은 법이다. 대개는 315~325점의 학생들이 집중적으로 몰리게 마련이다. 그 결과, 당락은 수능 점수 1~2점 안에서 판가름나는 '박빙의 승부' 가 된다.

1~2점 차이로 당락이 결정되는 상황에서는 점수를 잃지 않는 것이 무엇보다도 중요하다. 바로 이 지점에서 논술은 중요한 변수로 등장한다. 즉 논술은 부족한 수능 점수나 내신을 20~30점씩 만회해 주는 시험이 아니라 1~2점의 점수를 잃지 않는 데 집중해야 하는 시험이다. 따라서 논술을 준비하기에 앞서 먼저 냉정하게 마음을 다잡는 것이 중요하다. 혹시 논술이나 심층면접을 통해 수능이나 학생부성적을 많이 따라잡을 수 있다는 '환상' 을 갖는 학생이 있다면, 현실을 똑바로 보기 바란다.

논술 공부·심층면접 공부·수능 공부·내신공부는 서로 따로 노는 것이 아니다. 내신 공부가 곧 수능 공부이고, 여기서 쌓인 지식이 곧 논술과 구술에도 연결된다. 3년 내내 논술 준비에 목숨을 걸기보다는 수능과 학과 공부에 충실하면서 '논술에도 신경을 쓰는' 마음가짐을 갖는 것이 좋다.

현재와 같은 논술 체계에서는 '벼락치기'도 가능하다. 대략 10회 정도만 집중력 있게 기출 문제를 풀어본다면, 대입에서 요구하는 수준의 논술답안을 작성해 낼 수 있다. 시중에 그렇게 많은 논술 족집게 선생들이 있는 것도 이와 같은 이유에서다. 논술이 '단순반응 측정형(?)'에 가까운 형태로 변해 버렸기 때문이다. 대표적인 몇몇 문제를 살펴보면, 이 말이 무슨 뜻인지 금방 알 수 있다.

- 다음 각 제시문에 나타난 '앎'을 개념화하여 설명하고, 현대 사회에서는 어떤 앎이 더 중요하다고 생각하는지 서로 비교하여 논술하시오.

(2003학년도 고려대)

- 제시문 (가)와 (나)를 활용하여 '노동'과 관련한 (다)의 입장에 대한 자신의 견해를 논술하라.

(2003학년도 서강대)

어떤가? 논제 자체가 일정하게 답안 작성을 유도하고 있지 않은가? 제시문에서 요구하는 틀 안에서만 논술하게 되어 있다. '창의성'을 발휘할 수 있는 곳은 결론 부분에 담을 약간의 '자신의 견해' 뿐이다. 논술을 담당한 교수들은 "천편일률적인 답안이 많았다"라는 평가를 매년 반복하지만, 논제 자체가 대부분 이미 똑같은 답안이 나올 수밖에 없도록 유도하고 있는 것이다. 왜 대학에서는 이런 방식으로밖에 논제를 낼 수 없는 것일까? 그 이유는 바로 채점에 있다.

대입논술은 입학고사 문제다. 입학고사라면 객관적인 변별력이 있어야 한다. 창의적이고 철학적인 사고를 요구하는 문제들은 문제 의식에 불타는 순진한 '교육 혁명가(?)'들을 흥분시킬지는 몰라도, 정작 평가성적을 매겨야 하는 입시 실무자들에게는 어려움이 많다. 학생들의 답안이 어디로 튈지 모르기 때문이다. 창의적이지만 조금은 허황된 결론을 이끄는 답안과 매우 논리적이지만 틀에 박힌 주장만을 이끌어내는 답안이 있다고 한다면, 어느 쪽에 더 많은 점수를 주어야 할까? 채점자들끼리 논란이 끊이지 않을 것이며 당사자인 수험생들은 말도 못하게 불안할 것이다. 채점 후 논란도 끊이지 않을 것이다.

그래서 선택한 방법이 '우수한 학생의 답안이 모범답안처럼 나오게 하는 출제 방식'이다. 논제와 제시문을 제대로 이해했다면(즉 독해력이 우수하다면) 글의 전개와 결론은 일정한 방향으로 흐르도록 하는 것이다. 앞에서 제시한 것과 같은 최근 대학의 논술문제들이 바로 이런 식이다. 따라서 현재의 논술고사는 마치 수학문제와 비슷하다. 문제를 알고 필요한 공식을 알면 답을 낼 수 있는 수학문제처럼, 현재의 대입논술은 논제와 제시문을 이해하고 기초적인 논리적 사고 능력을 갖추고 있으면 일정 수준 이상의 점수를 얻을 수 있는 형태다. 그리고 이 같은 형태의 논술고사라면 '충분히' 벼락치기가 가능하다는 것이 필자의 결론이다. 하지만 착각하지 말기를 바란다. 논술에서 벼락치기는 지원하는 대학에서 요구하는 수준의 수능·내신 공부가 되어 있는 학생들에게만 통한다. '배짱지원'이 아닌 이상 논술고사가 요구하는 수준의 '지식'은 학과 공부를 통해 이미 갖추어 놓고 있다는 가정에서 벼락치기가 가능하다는 말을 한 것이다.

논술에서 벼락치기는 지원하는 대학에서 요구하는 수준의 수능·내신 공부가 되어 있는 학생들에게만 통한다. 앞에서 말했듯이 논술 공부와 수능·내신 공부는 따로 노는 것이 아니기 때문이다. '배짱지원'이 아닌 이상, 지원자들은 논술고사가 요구하는 수준의 '지식'은 학과 공부를 통해 이미 갖추어 놓고 있다고 보아도 좋다. 필요한 것은 실제 논술고사 형태로 글을 써보는 연습일 뿐이다. 이 연습량에 따라 논술의 성패가 좌우된다. 이런 경우에는 정시에 국한해서 본다면, 수능 이후 한 달 정도 논술 대비에 투자하면 충분하다.

그러나 정말 대책 없는 학생들도 있다. 정말 독서량이 거의 없고 글을 써본 경험도 매우 적은 학생들이 있다. 문장만 보아도 이런 학생들은 티가 나게 마련이다. 예컨대, "나의 희망은 사회에 진출하여 많은 사람들에게 봉사할 수 있는 사람이 되려고 생각한다"라고 썼다고 해보자. 이는 문장 아닌 문장, 즉 비문(非文)이다. 독서량이 많고 글을 어느 정도 써본 학생은 이런 문장을 보면 무엇이 잘못되었는지 금방 안다(주어-술어의 호응 관계가 틀리는 경우도 거의 없다). 하지만 독서와 논술에 전혀 신경을 쓰지 않은 학생은 이렇듯 '우리말 아닌 우리말'을 구사하면서도 무엇이 잘못되었는지조차 모른다.

아울러 평소에 무슨 책을 읽었는지도 적나라하게 드러난다. 평소에 무협지만 읽는 학생들은 "그래서는 아니되는 것이었다", "크게 분노하여…" 등과 같은 문장을 구사하게 마련이다. 인터넷에 빠진 학생들은 "김대중 샘의 방가운 인사^^;;"라는 문장을 작성하기 쉽다. 심지어 "열나 이상하다"와 같은 구어(口語)체의 속어적 표현이 자주 튀어나오기도 한다. 독서와 논술 연습량이 적은 학생들은 이런 경우에도 무엇이 잘못되었는지 쉽게 잡아내지 못한다.

논술의 교육적 효과는 이 점에서 잘 드러난다. 즉 '단순반응 측정형'이라는 극단적인 비난에 시달려도, 결국은 찍기 연습만 한 학생에게는 벼락치기가 통하지 않는다는 점에서 말이다. 따라서 논술 공부는 외국어 공부와 비슷한 점이 있다.

외국어 실력은 투자한 시간에 정비례한다. 오랜 기간에 걸쳐 많이 '듣고', '읽고', '말하고', '써본' 학생이 외국어를 더 잘 한다. 하루 이틀 죽어라 공부했다고 갑자기 외국어를 잘 할 수는 없는 노릇이다. 논술도 마찬가지다. 장기간에 걸쳐 독서와 글쓰기, 사색(思索)을 많이 한 학생들이 논술고사에서는 유리할 수밖에 없다. 따라서 논술에 대한 장기전략은 매우 원론적이면서도 간단한 한 문장으로 요약할 수 있겠다.

"많이 읽고, 많이 생각하고, 많이 써라."

논술 실력을 높이는 방법

1) 논술 대비 1 : 정확히 읽어라

현재 논술 시험에서 중요한 것은 쓰기보다 읽기다. 학생들은 먼저 논제가 요구하는 대로 긴 제시문을 정확히 독해해 낼 수 있는 능력을 먼저 길러야 한다. 독서량이 적은 학생들은 길고 어려운 논제를 이해하는 과정에서부터 숨이 턱 막히게 된다. 논제 이해도 잘 안 되는 학생이 쓰기를 잘 한다는 것은 매우 기대하기 힘든 일이다. 논술에 대비하여 책을 읽을 때에는 효과적인 학습이 필요하다.

첫째, 언어영역 공부에 충실하라. 언어영역 공부는 독서와 같다. 언어영역 1회분 문제지에만도 수많은 텍스트가 들어 있다. 그것만 해도 엄청난 독서량이다. 따로 '논술 대비용 독서'를 하기보다는 언어영역을 튼실하게 준비한다는 마음가짐으로 언어영역 대비에 신경을 쓰면 독해력은 자연히 늘게 되어 있다.

둘째, 독서는 많이 하면 할수록 좋다. 독서는 새로운 지식을 경험할 수 있는 흥미로운 활동이다. 좋은 성적을 위해서라기보다는 좋아하는 책, 눈에 들어오는 책을 골라서 편한 마음으로 자연스럽게 독서를 시작하라. 책상머리에 붙어서 끙끙대며 외국어를 공부하는 사람보다, 외국인과 농담하며 생활 속에서 자연스럽게 말을 익힌 사람들이 훨씬 실력이 좋다. 독서도 그렇다. '의무 독서'가 아닌 '즐기는 독서'를 하다 보면 자신도 모르는 사이에 지식도 늘어나고 독해력이 좋아지는 경험을 하게 될 것이다. 하지만 주의해야 할 점이 있다. 독해력은 생각만큼 빨리 늘지 않는다. 외국어를 공부한 효과가 6개월~1년 정도 후에 천천히 나타나듯, 독해력 또한 그렇다. 조급한 마음을 갖지 말고 독서를 즐겨라.

독서가 한쪽으로 편중되지는 않는지, 너무 흥미 위주의 책들만 골라 읽고 있지는 않은지 수시로 점검하는 자세가 필요하다.

셋째, 요약하고 핵심을 추려내며 읽어라. 책을 읽으면서 내용을 다른 사람에게 요약하여 설명해 준다는 생각으로 단락을 정리하며 읽어 나가라. 이것이 어렵게 느껴지면 각 단락을 한 문장으로 요약해 보거나 핵심문장을 추려내는 연습을 하자. 건성으로 농구 골대에 공을 던지는 학생과 하나하나 동작을 되새기며 슛을 하는 학생의 차이는 엄청나다. '생각하는 독서', 독해력 향상의 초점이 바로 여기에 있다.

마지막으로, 논술 모범답안지를 구해서 많이 읽자. 이는 고3 수험생을 위한 '읽기' 학습방법이다. 논술 답안도 수필이나 논설문과 같은 하나의 글쓰기 양식이다. 글을 많이 읽으면 좋은 글에 대한 감각도 길러진다. 논술 답안도 마찬가지다. 틈나는 대로 좋은 논술 답안을 구해서 논제와 함께 많이 읽어보도록 하라. 프랑스 대입논술 시험인 '바칼로

레아'를 준비하는 학생들도 예상문제에 대한 모범답안들을 많이 읽어본다(실제로 시중에는 바칼로레아 모범 답안지들이 많이 나와 있다).

2) 논술 대비 2 : 많이 써보아라

글을 쓰는 게 쉬운 사람은 없다. 글만 쓰는 사람에게도 글쓰기는 애를 낳는 것만큼이나 고통스러운 과정이다. 논술고사 시간은 두 시간 남짓이다. 그리고 분량은 1,200~1,600자가 일반적이다. 두어 시간 격렬하게 축구하고 나면 탈진하는 것처럼 글쓰기도 마찬가지다. 글쓰기는 고도의 집중력과 지력 소모를 요구하는 작업이다. 따라서 두 시간의 집필은 상당한 집중력과 지적 지구력을 필요로 한다. 논리적인 '설계'를 해야 하는 논술고사 답안지에 경우에는 더욱 그렇다. 그렇다면 어떤 방식으로 글쓰기 연습을 해야 할까?

첫째, 논술 답안 작성 연습은 800자에서부터 천천히 1,800자 정도까지 늘려가는 것이 좋다. 100m도 못 뛰는 사람이 마라톤을 하겠다고 나설 수는 없다. 먼저 짧은 글을 써보고, 천천히 능력 닿는 대로 분량을 늘려가도록 하라. 사실 800자 논술은 누구나 작성할 수 있으며 수준차도 거의 나지 않는다. 이 단계에서는 비문이 발생하지 않도록 노력하며 글을 작성해야 한다. 주어와 서술어의 호응은 제대로 되어 있는지, 원고지 작성법은 정확한지 등을 꼼꼼하게 점검하며 글을 써보아라.

둘째, 개요 작성 연습을 많이 하라. 나무보다 숲에 신경을 쓰는 마음으로 글의 전체적인 구조와 논리적 전개에 신경을 써야 한다. 논술고사 시간이 120분이라면, 적어도 20분 이상 개요 작성에 투자하여 신중함을 기해야 한다. 연습을 해보면 알겠지만, 1,600자 논술도 개요만 정확하다면 30분 안에 충분히 쓸 수 있다. 서론·본론·결론의 주요 내용을 완전한 문장으로 완성하며 개요를 짜라. 그리고 서론과 결론의 내용이 일관되도록 심혈을 기울여야 한다. 또한, 개요를 구성할 때 논술 시험지 오른쪽에 나와 있는 분량 표기에도 유의하기 바란다. 300자까지 서론, 300~500자까지 본론 I, 1,500~1,800자까지 본론 II 등으로 구성한다. 이처럼 사전에 분량에 대한 계획을 세워놓으면, 완성된 글은 전체적으로 상당히 균형감 있게 보인다.

셋째, 한 번을 쓰더라도 완전한 논술을 펼치겠다는 완벽주의자가 되어라. 모의고사 때 자는 학생은 수능 고사장에서도 잔다. 논술도 그렇다. 머릿속에서 술술 잘 떠오르니까 논술 시험 볼 때도 당연히 잘 쓸 수 있을 것 같지만, 사실은 그렇지 않다. 실제로 써보면 쓰다가 막혀서 포기하는 경우가 대부분일 것이다. 처음에는 제시 분량을 채우기도 어렵지만, 포기하지 말고 끝까지 완성하라. 팔굽혀펴기를 열 번 하던 학생이 열한 번 하게 되는 것은 늘 손쉽게 하던 열 번까지의 과정이 아니라, 열한 번을 하려는 마지막 필사의 몸부림 때문이다. 끝까지 물고 늘어져서 글을 완성하는 자세를 가져라.

넷째, 첨삭은 반드시 받아야 하며, 많이 받을수록 좋다. 첨삭을 받지 않아도 쓴다는 것 자체가 도움이 되기는 한다. 하지만 가급적이면 똑같은 답안지라도 여러 사람에게 읽혀보는 게 좋다. 좋은 글에 대한 사람들의 기준은 놀라울 정도로 아주 비슷하다. 어떤 선생님이 A학점을 준 답안지를 다른 선생님이 C학점을 주는 경우는 거의 없다. 여러 사람에게 답안지를 읽혀보고 평을 들으면, 좋은 글에 대한 감각을 키울 수 있다.

첨삭을 통해 지적받은 내용은 반드시 고쳐서 다시 써보도록 하라. 실

제로 실력이 느는 것은 잘못된 부분을 고칠 때다. 이 과정에서 여러분의
논술 실력은 논제 하나씩 차근차근 쓸 때마다 놀랍게 향상될 것이다.

진인사대천명(盡人事待天命) ─ 최선을 다할 것

2005학년도 입시부터 서울대 논술이 부활되고 수시 전형이 확대되면서, 논술
은 주요 전형 방법으로 주목을 받게 될 것이다. 이런 상황에서 필자는 다음과
같은 점을 학생들에게 강조해 주고 싶다.

첫째, 아무리 입시제도가 바뀌더라도 중심축은 수능성적과 학생부(내신)다. 이
는 교육 선진국의 경우에도 크게 다르지 않다. 논술 대비 때문에 학과 공부와
수능 대비를 소홀히 하는 어리석음을 범하지 않기를 바란다. 수능, 내신 공부,
심층면접 공부, 논술 공부는 따로 노는 것이 아니다. 열심히 공부하고 독서하
며 사색하고 토론하는 것이 결국은 최선의 논술 대비 방법이다.

둘째, 결코 논술을 포기하거나 등한시하지 않기 바란다. 처음에 설명했듯, 수
능성적과 학생부(내신)가 당락의 큰 틀을 결정짓는다면, 논술 등은 최후의 순
간에 미세한 점수차를 가늠하는 역할을 한다. 논술고사에 과민반응하는 학생
도 많지만 수능과 내신에 치우친 나머지 논술·심층면접 등을 '별 것 아닌
것', '해보아야 별 수 없는 것'으로 여기는 학생들도 꽤 많다. 하지만 세상에
중요하지 않은 입시전형 요소란 없다. '공부해 보아야 별 수 없는', 그래서 준
비할 필요도 없는 입시 과목이란 없다. 대학 합격을 위해서는 논술에 대해서
도 많은 연습과 대비가 필요하다. 특히 논술고사를 눈앞에 둔 고3 수험생들에
게는 더욱 그렇다.

논술은 '종합예술'이다. 여러분의 독서량, 사고력, 토론과 글쓰기의 양, 학과
공부, 예술적 소양 등 모든 요소가 답안지 안에 녹아 들어가게 되어 있다. 대
입논술 자체에 집중한다기보다 12년에 걸친 학교생활의 진수를 보여준다는
마음으로 논술고사에 임하고 준비하기 바란다.

진인사대천명(盡人事待天命)! 여러분은 결국 노력한 만큼의 결과를 얻을 수 있
을 것이다. 논술이라고 해서 예외는 아니다.

11chapter
수시모집

10명 중 4명은 수시로 대학 간다

Profile 임근수

| 충북 오창고 교사 | 《2004 수시 합격전략》 펴냄 | 《2003 대학합격전략》 저자 |
| 《EBS 구술&심층면접》 저자 | 수시모집 전문사이트 유니드림(http://www.unidream.co.kr) 운영자 |

2005학년도 대학입시 역시 모집 전형방법은 수시와 정시로 나누어진다. 지난 1997년 서울대의 학교장 추천제로 시작된 수시는 2004학년도 입시에서 전체 대입 모집인원의 38.9%를 차지했다. 2005학년도 대입에서도 적지 않은 비중이 예상된다.

이러한 수시모집은 단기간에 준비할 수 있는 전형방법이 아니다. 2005학년도 대입을 준비해야 하는 고등학교 1~2학년생들이 수시모집에 주목할 필요가 여기에 있다.

수시모집은 수능 점수에 따르는 한줄 세우기를 지양하고 다양한 특기와 적성을 지닌 학생을 선발하자는 취지를 통해, 1997년 서울대 학교장 추천제로부터 시작되었다. 서울대의 학교장 추천제가 수시모집의 초기 형태라고 볼 수 있는데, 그 당시에는 내신과 학생부, 심층면접, 논술로만 학생을 선발하고, 수학능력시험 점수는 최저학력 기준으로만 작용하여, 수능 점수를 반영하지 않고 최초로 학생을 선발했다. 이러한 추천제는 그 후 연세대·고려대·서강대·이화여대 등 주요 대학으로 확대되었고, 2002년에는 대부분의 대학이 수시모집을 통해 일정 학생을 선발했다. 2004년에는 모집인원의 38.9%를 수시모집을 통해 선발하기에 이르렀다.

수시모집에서는 대학별로 수십 가지의 전형유형을 만들고 학생부·논술·심층면접 등 다양한 방법으로 학생을 선발한다. 그러나 최근 들어 다양성보다는 내신으로 대표되는 실력 위주로 학생을 선발하려는 방향으로 바뀌는 모습이다.

어느 계열의 고교가 수시모집에 유리합니까?

"수시모집의 경우 어느 계열의 고교가 유리합니까?" 학부모들에게 많이 듣는 질문이다. 현재 인문계 고교의 경우 특수목적고와 일반고로 나뉜다. 한번 입시제도가 만들어지면 특목고가 유리하니 일반고가 유리하니, 또는 강남에 있는 고등학생들이 싹쓸이를 한다는 등 말이 많다. 그런데 입시결과로 볼 때 이는 일반적인 현상이 아니다. 무조건 강남으로 옮겨가거나 특목고에 진학한다고 해서 좋은 결과를 가져오는 것은 아니다. 특목고를 선택한 학생의 대학 진학성적이 좋다면, 그 학생이 일반 인문 계열로 갔을 때도 성적이 좋을 것이다. 대학의 입시제도는 지금까지 실력 있는 학생을 선발하기 위하여 노력해 왔고, 그런 정신이 훼손된 적은 한 번도 없었다. 따라서 이에 대한 논쟁은 무의미하다고 생각된다.

강남이라고 해서 모든 고등학교가 특별한 혜택을 입는 것은 아니다. 솔직히 강남에서 어느 정도 실력을 인정받아서 수시에 합격한 경우라면, 이 학생은 강북에서 학교를 다녀도 진학에 무난히 성공한다.

수시 합격의 지름길

**내신성적과 수상(受賞)
실적이 중요하다**

"수시모집에서는 어떤 학생들이 유리합니까?" 일선학교에서 입시 지도를 하다 보면 늘 받는 질문이다. 수시모집에서는 내신관리가 뛰어난 학생이 가장 유리하다. 보통 대학에서는 내신을 통해 1단계 전형을 실시하고 있기 때문이다. 내신은 ① 평어(수·우·미·양·가) 반영, ② 석차반영, ③ 석차＋평어 혼합반영으로 나뉜다. 대학에서는 주로 과목별 석차를 반영한다. 따라서 내신관리는 전 과목 석차, 그것이 어렵다면 주요 과목 석차, 그것도 어렵다면 평어라도 잘 관리해야 수시에 지원할 수 있는 기본적인 요건을 갖추게 된다. 내신이 아주 뛰어나다고 해서 곧바로 수시모집 합격으로 이어지지는 않지만, 우수한 내신은 수시 합격에 중요한 요소다. 또한 수시모집에 도움이 되는 것은 경시대회 입상 등의 수상실적이다. 전 수시모집을 준비하는 학생이 반드시 기억해야 할 것이 있다. 7월 초 서울대는 "경시대회가 본래의 취지를 살리지 못하고 있다는 지적이 많아 2005학년도 수시모집 특기자 전형에서는 경시대회 입상자들에게 부여한 수시모집 지원자격을 없애기로 했다"라고 밝혔다. 이에 따라 서울대는 수시모집 특기자 전형의 지원자격을 국내·국제 올림피아드 대회 입상자나 '수학·과학 성적 상위 3% 이내' 또는 '성적 상위 30% 이내 학생 중 수학·과학 전문교과를 20단위 이상 이수한 학생'으로 결정할 방침이며 공대도 비슷한 자격요건을 제시했다. 한편 서울대뿐만 아니라 서울 시내 일부 사립대학도 2005학년도 입시부터 경시대회 입상 여부를 수시모집 지원자격에서 제외하는 방안을 검토 중인 것으로 알려졌다. 따라서 수시모집을 준비하는 학생은 앞으로 이 같은 변화에 주목할 필요가 있다.

국적으로 권위 있는 학력경시대회 수상자이거나 세계대회 수상자들은 일반전형에 비해서 합격할 가능성이 매우 높다. 예를 들어 문예백일장 수상 경력을 통해 어문 계열에 지원하면 좋은 결과를 얻기가 쉽다.

내신성적이 나쁘고 수상실적도 없는 학생들은 수시모집과는 영원히 인연이 없는 것일까? 내신이 좋지 않거나 수상 실적 등이 없더라도 국·영·수 실력이나 논술 실력을 갖추었을 경우 유리한 결과를 얻을 수 있다. 고려대·한양대·중앙대·성균관대·경희대·동국대·한국외대 등 많은 대학에서는 내신보다 대학에서 실시하는 지필고사가 결정적으로 당락을 좌우한다.

합격 가능한 3~4개의 대학을 선정하라

수시는 정시처럼 '몇 점이면 어느 대학을 간다'라고 무 자르듯 정확하게 판단하기에 힘든 점이 많다. 선발 방법이 매우 다양하기 때문이다. 자신에게 유리한 선발 기준이 있는 대학을 목표로 선정해야 한다. 따라서 연구하는 자세를 통해 원하는 대학의 학과와 자신의 성적으로 합격이 가능한 대학을 3~4개 정도 선정하는 것이 가장 합리적이다. 자신의 적성과 소질에 맞는 몇몇 대학을 골라 최대한의 노력을 기울이자.

자신이 연습했던 질문이 나올 수 있다는 가능성을 믿고 문어발식 지원을 하는 것은 체력적·정신적 소모를 불러와 정작 자신이 잘 할 수 있는 기회를 놓치고 마는 역효과를 가져올 수 있다.

【 학기별 수시모집의 차이 】

수시모집은 각각 1학기와 2학기에 걸쳐 두 차례 실시된다. 이 두 차례의 수시모집은 각각 성격 면에서 차이가 있다. 1학기 수시모집은 선발인원 수가 적다. 2004학년도를 기준으로 볼 때 1학기 수시모집에서는 88개 대학에서 총 정원의 10% 이내를 선발하고 있다. 또 수능 최저학력기준이 적용되지 않기 때문에, 내신의 경쟁력이 수능보다 월등히 우수한 학생들의 공략처가 될 수 있다. 이 밖에도 '입시에서 일찍 해방된다' 라는 특징이 있다. 그런데 1학기 수시모집에 지원하고자 하는 학생들이 주의할 내용이 있다. 입시의 중심은 여전히 정시이고, 정시에서 가장 중요한 요소가 수능성적이라는 것을 감안하여 수시 지원을 하되, 이에 모두 매달리는 실수를 범하지 말아야 한다는 것이다.

2학기 수시모집은 정원이 대폭적으로 늘어나면서 1학기에 비해 경쟁률이 다소 떨어진다. 따라서 이 기회를 잘 이용하는 것이 좋다. 하지만 수능 최저학력기준이 설정되어 있다. 따라서 수능성적이 어느 정도 나오지 않으면 최종 합격에서 탈락하기 때문에 부담을 가질 수밖에 없다. 2학기 수시모집의 문은 넓다. 하지만 수능을 앞두고 최종 정리에 매달린 나머지 많은 학생들이 이 기회를 포기하기도 한다.

수시모집시 유의 사항

1. 수시 1학기 모집에 합격한 경우 수시 2학기, 정시 및 추가모집에 지원이 금지된다.
2. 수시 2학기 모집에 합격한 경우 정시 및 추가모집에 지원이 금지된다.
3. 수시모집(1학기·2학기)에 합격한 자는 전문대학이 실시하는 다른 모집시기에 지원이 금지된다(전문대학의 수시모집에 합격한 자 역시 각 대학이 실시하는 다른 모집시기에 지원이 금지된다).

전략을 세우면 수시 합격이 보인다

수시모집에서의 합격은 단순히 학생부성적만으로 이루어지는 것이 아니다. 전혀 걱정을 하지 않았던 높은 성적의 학생이 뜻밖에 애를 먹기도 하고, 별로 기대하지 않았던 학생이 덜컥 붙어버리기도 한다. 이러한 이유로 1학기 수시에서 탈락의 쓴잔을 마신 학생들이 "나는 수시와는 정말 인연이 없어"라며 자포자기하기도 한다. 하지만 그렇게 좌절만 하고 있을 일은 아니다. 이는 다양한 수시모집에 대해 효과적인 전략을 세우지 못한 결과가 가져온 실패일 수 있다. 중요한 것은 전략을 세우는 일이다.

1) 2학기 수시모집을 노려라

앞에서 설명했지만 1학기 수시모집에서는 전체 신입생 정원의 약 10% 밖에 되지 않는 아주 적은 인원을 선발한다. 대학 수도 2학기 수시모집을 실시하는 대학의 3분의 1에 그친다. 반면에 2학기 수시모집에서는 일반적으로 전체 신입생 정원의 30%를 뽑는다. 이는 1학기 때보다 8배 나 많은 인원 선발인 만큼 합격의 문이 넓다. 게다가 성적이 우수한 학 생들은 1학기 수시모집에 이미 합격을 한 상태이기 때문에 그들을 경 쟁상대에서 배제시킬 수 있는 이점까지 누릴 수 있다.

2) 면접 · 구술고사에서 역전의 기회를 노려라

사실 1단계 전형을 통과한 지원자들은 대부분 학생부성적 수준이 비슷 하다. 따라서 2단계 전형은 거의 비슷한 조건에서 치르게 되는데, 이들 의 실력을 정확하게 평가할 만한 객관적인 잣대가 없는 상태에서 대안 으로 등장한 것이 면접 · 구술고사다. 면접 · 구술고사에서 20~50%가 량 학생들의 당락이 뒤집힌다고 한다. 그러므로 면접 · 구술고사의 중 요성이 어느 정도인지 짐작할 수 있다. 2002학년도에는 수시 면접 · 구 술고사에서 당락이 바뀐 비율이 고려대 45.8%, 서강대 49%, 연세대 20%, 이화여대 28%, 한양대가 50% 정도였다. 2003학년도에는 고려대 33%, 서강대 42%, 성균관대 35%, 연세대 22%, 이화여대 16%, 한양대 49%에 달하는 지원자의 당락이 면접 · 구술고사에서 뒤집혔다. 이러한 비율만 보더라도 면접이 수시모집 전형에서 얼마나 큰 비중을 차지하 는지를 알 수 있다. 그런 만큼 면접 · 구술고사에서 역전의 기회를 노려 보자.

3) 캠프에 참여해 시야도 넓히고 합격의 기쁨도 누려라

몇몇 대학에서는 고등학생을 대상으로 대학생활을 미리 경험하게 하고, 진로선택에 필요한 경험과 지식을 제공하며, 수시모집에서 혜택을 주는 다양한 이름의 캠프를 개최한다. 이 캠프를 이수한 학생들은 해당 대학에 수시모집을 통해 지원할 때 일정한 특전을 얻는다. 숙명여대·아주대·중앙대 등이 이와 같은 프로그램을 운영하고 있다. 이러한 캠프는 인지도가 높아지면서 캠프 참여 경쟁률도 높아지고 있다. 2003년 1월에 개최된 '아주드림캠프'는 9 대 1의 높은 경쟁률을 나타내기도 했다.

4) '전형별' 수시모집을 활용하라

수시모집에서는 학생들의 소질과 특기가 합격 여부를 결정하기도 한다. 어학에 능통한 학생, 지역사회에서나 노인들에게 봉사활동을 많이 한 학생, 한 학기 동안 반에서 임원을 역임한 학생 등 다양한 전형을 통해 인원을 선발한다. 따라서 이 같은 다양한 전형을 통해 수시로 입학할 수 있는 방법을 모색하자.

이제 구체적으로 수시모집을 준비하는 방법과 서류에 대해서 살펴보자. 내신 반영방법으로는 전 과목 석차백분율, 일부 과목 석차, 전 과목 평어, 일부 과목 평어, 전 과목 평어＋석차, 일부 과목 평어＋석차 등을 들 수 있다. 내신 반영방법은 대학마다 다르므로 자신에게 가장 유리한 곳이 어디인지 따져보아야 한다. 또 일부 과목 성적이 아주 좋으면 일부 과목만 반영하는 곳에 지원하는 방법도 있다.

수시모집에서는 서류 준비에도 신경을 써야 한다. 서울대를 비롯하여 연·고대 등 많은 대학에서 자기소개서와 학업계획서, 추천서를 반영한다. 자기소개서와 학업계획서는 한 가지 양식 속에 들어 있는 경우가 많아, 학업계획서는 자기소개서에 포함되는 것이 일반적이다. 학교장이나 담임교사 및 외부 추천자에게 추천사를 부탁하면 된다.

자기소개서―자신을 부각시켜라

자기소개서는 자신을 알리는 글이며, 학교생활기록부에서 미처 파악하지 못한 지원자의 모습을 알리는 데 큰 역할을 한다. 자기소개서를 쓸 때는 자신의 지난 날을 신중하게 되돌아본 후, 현재 자신이 어느 곳에 위치하고 있는지, 앞으로 어떤 방향으로 나아갈 것인지를 고민하고, 그것을 담담하게 정리하는 것이 좋다. 비문법적이거나 진부한 표현을 피하고 남과 다른 모습을 부각시키면 자신의 장점이 잘 드러날 수 있다. 대필은 좋은 결과를 얻지 못한다. 좀 서툴러 보이지만 진실에 바탕해 직접 쓴 자기소개서가 더 좋은 평가를 받는다.

처음 자기소개서를 쓸 때는 막막할 것이다. 하지만 자신의 특기, 지원 분야의 준비 정도, 장·단점, 지원동기, 감동 깊게 읽은 책 등 다양한 쓸거리를 펼쳐나가는 과정에서 어느 것을 부각시키고 어느 것을 축소시킬 것인지에 대해 생각해 보면, 쉽게 체계적인 자기소개서의 밑그림을 그릴 수 있을 것이다.

자신에 대한 자랑이 감정적인 면에 치우치지 않도록 차분하게 작성하되, 지망하는 모집단위에 대해 어떻게 준비해 왔는지, 간단 명료하고 논리적으로 서술하면 설득력을 높일 수 있다.

학업계획서―지원동기를 구체적으로 밝혀라

학업계획서란 지망하는 대학의 학과에 합격했다고 가정하고, 어떤 공부를 어떻게 할 것인지를 밝히는 글이다. 수험생의 입장에서는 대학생활에 대한 원대한 꿈을 펼쳐보일 수 있고, 대학의 입장에서는 합격 후 학생이 무엇을 하려고 하는지를 미리 살펴볼 수 있다.

학업계획서는 지원동기에서 선명한 인상을 주는 것이 중요하다. 왜 그 학과를 선택했는지, 왜 흥미를 느꼈는지 등을 자세하게 서술하면 된다. 그러면서도 실현 가능해야 하고 열정과 진지함이 깃들어 있어야 한다.

글머리에서는 분야에 대한 전문성을 나타내야 한다. 장·단기 계획으로 나누어 서술하거나, 학년별로 나누어 풀어나가면 체계적인 인상을 줄 수 있다. 구체적으로 어떤 분야를 선택할 것인지, 왜 그 분야를 깊이 있게 공부하려고 하는지 등에 대해 자기 관심도에 비추어 논리적으로 설득력 있게 제시한다. 그리고 학업을 마친 후 배운 내용을 사회 활동과 어떻게 접목시킬 것인지에 대한 서술로 마무리한다. 단순히 '어떤 직업을 선택하겠다' 라고 서술하는 것보다는 그 선택이 내 인생에 어떤 의미를 지니는지를 설명하는 것이 좋다.

추천서—객관성을 잃지 마라

자기소개서와 학업계획서가 스스로 자신을 표현하는 것이라면, 추천서는 타인(추천인)의 눈에 비친 모습을 통하여 그러한 진술이 사실인지 확인해 보는 자료다. 따라서 추천서의 생명은 학생에 대한 일방적이고 유리한 칭찬보다는, 구체적이고 정확한 관찰을 통하여 객관적인 신뢰감을 주는 데 있다.

추천인이 지정되어 있는 경우에는 문제가 없지만, 그렇지 않은 경우 좋은 추천인을 구하는 것이 일차적인 과제다. 대체로 지명도가 높은 사람이나 해당 학교 교수 및 총장, 지원학과와 관련된 분야에 종사하는 유명인이 작성한 추천서가 평가에서 유리할 것으로 생각된다. 하지만 사실 추천인과 추천서의 평가는 전혀 별개의 문제로, 거의 상관이 없다. 자신을 객관적으로 보아줄 수 있는 사람을 찾는 것이 좋다. 그런 사람은 주변에 많다.

좋은 추천서의 핵심은 신뢰성에 있다. 아무리 학생에 대한 훌륭한 점이 소개되더라도 신뢰감을 주지 못하거나 구체적인 증거가 없다면 좋은 평가를 받을 수는 없다. 단점도 진실하게 서술하면 효과를 얻을 수 있다.

지필고사 — 다양한 기출문제를 공략하라

지필고사는 대학별 고사를 말한다. 구술이 아닌, 풀거나 쓰는 모든 시험형태다. 논술이 가장 대표적이며, 대학에 따라서는 학업적성검사나 전공적성검사로 불리기도 한다. 그러나 같은 논술이라 할지라도, 보통 정시에서 실시되는 논술과는 성격이 다르다. 지필고사는 해마다 성격이 바뀌고 출제경향이 달라질 수 있기 때문에 확실한 답변이 어렵다. 각 대학 홈페이지에서 기출문제를 찾을 수 있으니, 먼저 기출문제를 살펴보기를 권한다.

심충면접이라고 할 수 있는 면접·구술시험은 말로 하는 논술시험이라고 생각하면 이해하기 쉽다. 심충면접이 말하기 시험이라고 해서 흔히 잘 떠드는 것이 좋다고 생각하면 큰 오산이다. 심충면접에서는 현란한 수식어를 곁들인 유창한 말솜씨보다는, 지적이고 진실한 표현을 전개할 때 더 좋은 점수를 얻을 수 있다. 말 속에 논리가 들어 있어야 한다. 면접관은 수험생이 얼마나 알고 있는지, 인성과 가치관이 학문을 하는 데 적절한지, 건전한 상식과 창의적인 태도를 지니고 있는지, 전공에 대한 기본 지식이 있고 공부할 자격이 있는지에 대해 여러 관점에서 학문적 자질을 살핀다.

2000학년도 입시를 분석한 자료에 따르면, 합격공헌도의 측면에서 학생부의 변별력을 1로 보았을 때, 인문계의 경우 수능성적이 0.95, 논술은 1.88, 면접은 2.51로 나타나고 있다. 면접고사가 합격에 큰 역할을 한 것으로 나타나 있다. 수시모집의 경우에는 각 대학들이 심층면접을 표방하고 있어 당락의 관건이 되고 있다.

심층면접의 형식에는 단독면접, 집단면접이 고루 사용되고 있다. 과별로 진행되는 추천제 유형에서는 아직도 개별면접이 우세하지만, 2~3인의 집단면접이 꾸준히 늘어나는 추세다. 면접은 부드러운 분위기에서 시작하여 대답을 못할 때까지 지속된다. 대개의 경우 서류전형 단계에서 눈길이 가는 수험생들이 있게 마련인데, 이런 학생일수록 면접은 까다로워지게 마련이다. 면접 후에 문제가 까다롭다고 느낀 수험생이 합격할 가능성이 오히려 크다.

수시모집에 지원할 때는 철저한 준비가 필요하다

수시모집은 하루 이틀에 끝나는 것이 아니다. 따라서 수시모집에 지원하는 학생은 준비를 철저히 하고 끝날 때까지 긴장을 늦추면 안 된다. 수시모집 과정은, 지원 여부의 판단을 위하여 대학 홈페이지나 인터넷 사이트 체크 → 자기소개서 · 학습계획서 · 추천서 등의 서류 준비 → 1차 합격 여부를 기다리는 초조함(이 때 학생들 대부분은 공부가 전혀 안 된다고 한다) → 탈락하면 정신적 상처 → 합격하면 심층면접 준비 등으로 많은 시간이 든다. 거기에 원서 접수와 면접을 위하여 뛰어다닌 시간을 포함하면, 적지 않은 시간이 투자된다.

막연하게 수시모집에 접근하면 몸만 피곤해질 수 있으니, 이에 대해 충분히 검토한 후 시작해야 한다. 이렇게 힘든데도 수시모집에 관심이 집중되는 것은 1학기 수시모집에서 합격하면 빨리 입시에서 해방될 수 있기 때문이다. 내신이 강하고 수능이 약한 학생에게 좋은 기회를 줄 수 있는 수시모집은 솔깃한 유혹이 아닐 수 없다. 자기 분석을 철저히 하기만 해도 수시모집에서 좋은 결과를 얻을 수 있다.

12 chapter

7차 교육과정 대비
성적 업그레이드 학습법

자신만의 공부방법을 만든다

Profile 진 장 춘

| 중앙교육에듀토피아 진로실장 | 전 경성고 교사 |
| 《하나수첩》 《고교생 진로선택 정보》 《고교생활 성공비법》 외 다수 집필 |

한국교육과정평가원은 7차 교육과정의 취지에 대해 대학 교육에 필요한 수학 능력을
측정하기 위한 것이라고 밝혔다. 대학 교육에 필요한 수학 능력이란 무엇인가? 바로
스스로 공부하고 문제를 해결하는 능력을 말한다. 앞으로 7차 교육과정을 대비하는
학생은 이 같은 능력을 길러야 한다. 이를 위해서는 자신에게 맞는 계획을 세울 줄 알
아야 한다.

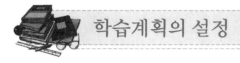

학습계획의 설정

《중용》에는 "모든 일은 미리 준비하면 이루어지고, 미리 준비하지 않으면 실패하게 된다"라는 말이 있다. 계획을 세우지 않으면 제대로 실천할 수 없다는 뜻이다. 그때 그때의 상황에 대처하는 데 급급하다 보면 시류와 본능에 의존할 수밖에 없다. 곧 놀면서 게으름을 피우게 된다.

계획이 없으면 노력도 없고 발전할 수도 없는 것이다. 사람은 나이를 먹을수록 나약해지는 경향이 있다. 인격과 공부에 대한 목표와 계획 없이 본능대로 살아가기 때문이다. 그래서 옛 성인들은 항상 자기 수양을 강조했다.

계획이 없으면 공부의 성과도 좋을 수 없다. 계획을 잘 세우려면 뚜렷한 목표가 있어야 한다. 인생의 목표, 청년기의 목표, 몇 년 후의 목표, 올해의 목표가 구체적으로 세워져 있어야 한다. 원대한 목표도 필요하지만 짧은 시일 내에 성취할 수 있는 구체적인 목표도 필요한 것이다. 또한 "올해에는 전교 몇 등을 하겠다", "이번 방학에는 수학을 정복하겠다" 등과 같이 구체적으로 목표를 정해야 한다. 그리고 '한 달 안에 수학 문제집 두 권 풀기'보다는 '매일 수학 10문제씩 풀기'와 같은 실현성 높은 계획이 뒷받침되어야 한다.

장기 목표는 향후 직업과 관련되어 있다. 중간 목표는 장기 목표를 달성하기 위한 것으로 대학 및 학과의 설정과 관련이 있다. 장기적인 인생의 목표가 제대로 설정되려면 그에 따른 삶의 목적이 있어야 한다. 인생의 목적은 가치관의 문제, 즉 인생관이라 할 수 있다.

- 나는 어떤 인생관을 가질 것인가?
- 내가 선택한 직업은 무엇이며, 왜 나는 그런 직업을 바라는가?
- 그 직업을 통하여 무엇을 이루고자 하는가?

이와 같은 생각을 통해 인생 계획을 세워나가야 한다. 자신에게 물어보라. 무엇을 통하여 자아를 실현하고 사회에 봉사할 것인가?

**학습계획을 세울 때
고려해야 할 여섯 가지**

1) 자기 자신을 파악하라

현실에 기반을 두지 않은 계획은 모래 위에 지은 집처럼 곧 무너지고 만다. 먼저 자신의 전체 및 과목별 성적의 위치를 정확히 염두에 두고 계획을 세워야 한다. 1년 간 전체 목표는 자기 석차에 0.5를 곱하면 무난하다. 이 같은 목표의 실현 가능성은 평준화 지구 고교를 기준으로 볼 때 약 15% 정도다. 100명 중 15명가량이 목표 성취를 이룰 수 있다는 뜻이다.

현재 석차 0.7 : 학년석차 100등이 70등을 희망함-실현 가능성 30%
현재 석차 0.5 : 학년석차 100등이 50등을 희망함-실현 가능성 15%
현재 석차 0.3 : 학년석차 100등이 30등을 희망함-실현 가능성 5%

2) 학습 결과가 저조한 원인을 찾아라

자신의 학습 결과가 저조한 데에는 대개 '기초가 부족하다', '흥미가 없다', '수업태도가 나쁘다', '학습량이 부족하다' 등과 같은 상식적인 원인이 깔려 있다. 이것을 확인하고 대책을 세운 다음, 지속적으로 실천에 옮겨야 한다.

3) 시간을 밀도 있게 이용하라

열심히 하는 학생은 시간이 모자라고, 공부 안 하는 학생은 시간이 남아돈다. 그러므로 자신이 공부할 양이 얼마인지 살펴보고, 가능한 모든 시간을 동원하여 공부 계획을 세우고, 지속적으로 수정해 나가야 한다.

혼자 공부하는 시간이 하루 5시간이라면 한 달에 150시간, 1년이면 방학까지 합하여 2,000시간 정도일 것이다.

4) 주 단위로 계획을 세운다

표 1 │ 주간생활계획 보기(주 학습 시간 32시간, 단위 : 시간)							
구분	월	화	수	목	금	토	일
아침(7시~8시)	0.5	0.5	0.5	0.5	0.5	0.5	0
학교(8시~16시)	수업시간(열심히 집중—가장 중요) 일요일은 종교활동, 독서하기 2, 산책 0.5						
오후(17시~20시)	예습·복습1	예습·복습1	예습·복습1	예습·복습1	예습·복습1	용무·휴식	수학2
밤(20시~24시)	영어1 수학1 국어1	영어1 수학1 국어1	영어1 수학1 국어1	영어1 수학1 국어1	영어1 수학1 국어1	휴식 오락 등 영어2	영어2 독서1
혼자 공부하는 시간	4.5	4.5	4.5	4.5	4.5	2.5	7
수면시간	7	7	7	7	7	7	7

〈표 1〉은 하나의 예다. 자신의 환경(보충수업 · 자율학습 · 학원 등)에 맞추어 계획을 세워야 한다. 이 표를 바탕으로 월 · 학기 학습 계획을 '영단어 몇 개 암기', '독해 문제집 몇 쪽 풀기' 등과 같이 구체적으로 세운다. 지구력이 약한 학생은 한 시간 공부하고 30분을 쉬거나 중간에 독서하는 시간을 넣어도 좋다. 계획은 자신의 집중력과 생활 리듬에 맞추면 된다.

5) 신축성 있게 계획을 운영하라

계획을 세우고 실천하다 보면 무리가 따르고 차질을 빚을 수도 있다. 실현 가능성을 높이려면 계획을 수정하라. 또한 계획을 세우는 데 오랜 시간을 소비하면 안 된다. 범위를 폭넓게 설정하고 신축성 있게 계획을 운영하라. 무리가 따르면 학습계획을 줄이고, 여유가 있으면 늘린다.

6) 적당한 운동으로 건강을 유지하라

공부는 꾸준히 해야 한다. 이를 위해서는 건강이 중요하다. 빨리 성적
을 올리고 싶은 마음에 처음부터 무리하면 곧바로 건강에 이상이 생겨
제대로 공부를 할 수 없다. 적절한 운동과 휴식으로 건강을 유지하며
공부를 하는 것이 좋다.

학습의 효율성을 증가시키는 방법

**양보다는 질을
추구하는 공부**

어차피 시간은 정해져 있다. 그
렇다면 그 시간을 누가 더욱 효
율적으로 관리하느냐가 학습

효과를 좌우한다. 7차 교육과정에 대비하기 위해서는 공부시간의 양보
다 실질적인 공부시간과 학습의 질이 중요하다. 집중력을 높이려면 적
극적인 계획과 노력이 필요하다. "어떻게 하면 짧은 시간에 영어 단어
를 많이 암기할 수 있을까?", "어떻게 하면 역사를 체계적으로 이해할
수 있을까?" 등과 같이 문제 의식을 가지고 스스로 해결해야 한다. 이
와 같은 사고방식을 가지면 자연히 창의력이 길러지고 학습의 효율성
도 높아진다.

또한 책상은 항상 정리를 해야 하며 공부와 무관한 것은 과감하게 치
운다. 학습 도구와 사전은 찾기 쉬운 곳에 놓는다.

수험생이 꼭 알아야 하는 사항

* 시간이 오래 걸리더라도 해답을 보지 말고 스스로 문제를 풀어라
* 독서를 통해 사고력과 상상력을 넓혀라
* 매일 예습·복습을 하고 수업을 열심히 받아라
* 글을 자주 써라

학습능력지수(SQ)를 높여라

공부에 관련해서 많이 이야기되는 것이 지능지수(IQ)다. IQ와 연결되어 감성지수(Emotion Quotient : EQ)와 도덕지수(Moral Quotient : MQ)가 생겼다. EQ는 알지만 MQ는 생소할 것이다. MQ는 도덕적인 능력을 통해 규범을 준수하는 신념과 습관을 말한다. 이들 지수는 별개의 것이 아니라 서로 상관관계가 크다. 대체로 IQ가 높은 사람이 EQ도 높고, EQ가 높은 사람이 MQ도 높게 나타나는 경향이 있다. 그리고 이번에 학습능력지수(Study ability Quotient : SQ)라는 단어가 새로 나타났다. 이 지수는 학습의 효율성과 매우 밀접한 관련이 있다.

SQ는 학습의 효율성을 높일 수 있는 기본능력을 의미한다. SQ가 높으면 공부를 잘 할 수 있다. 또한 공부를 잘 하고 싶으면 SQ의 능력을 계발하면 된다.

IQ는 선천성이 강하지만 SQ는 후천성이 강하여 얼마든지 노력에 따라 높일 수 있다. 학습 능력을 듣기 능력·읽기 능력·집중력·사고력·창의력·자발력 등으로 구분하여 해당 내용을 숙달하면, 자기 주

도적 학습 능력을 배양하는 데 큰 도움이 된다.

1) 듣기 능력

듣기 능력이 뛰어난 학생은 수업을 주의 깊게 들어서 내용을 효과적으로 파악하고 요약을 잘 한다. 학습은 일차적으로 강의를 통해 이해·사고하는 것이다. 따라서 수업을 제대로 들으면, 그만큼 학습에 대한 이해력이 향상된다. 그런데 듣기 능력이 부족한 학생들이 많다. 아주 쉬운 우리말도 주의력이 부족하여 듣지 못한다면 효과적인 학습을 기대할 수 없을 것이다.

수업시간에 집중하여 경청하는 습관을 익히자. 우선 수업시간에 딴짓을 하지 말아야 한다. 그리고 필기하는 습관을 갖는 것이 좋다. 귀로 들으면서 손으로 쓰면 머릿속에 더 잘 들어온다. TV 토론 프로그램을 보면서 패널의 말을 분석하는 연습을 하라. 듣기 능력뿐만 아니라 분석 능력까지 길러진다.

2) 읽기 능력

읽기 능력(독해력)은 문장을 통해 글의 내용과 주제를 파악하고 요약할 수 있는 능력이다. 집중하여 책을 읽어야 하므로 어휘를 많이 알면 더 효과가 높다. 영어 어휘를 많이 알면 문장 독해가 쉬운 것과 같다. 수업과 관련된 어휘는 수업시간에 주의 깊게 듣고, 일반 지식에 관련된 어휘는 신문이나 책을 통해 얻을 수 있다. 의문나는 것은 꼭 사전을 찾아서 확인하는 습관을 가져야 한다. 항상 국어사전을 가지고 다녀라. 가방에는 작은 국어사전을, 공부방에는 큰 사전을 두자. 많이 읽고 찾는 것이 중요하다.

독해력을 기르는 독서 방법 (전체를 살펴본 후 부분을 보라)

★ 전체 파악 – 제목 보기, 그림 보기, 통독 등

★ 부분 보기 – 소제목 붙이기, 중심어 찾기 등

★ 따져서 읽기 – 소제목의 보완, 논리성을 살핀다

★ 정리 – 전체 핵심과 중요한 부분을 확인하고 암기한다

★ '부분 보기'와 '따져서 읽기'를 동시에 할 수도 있다

3) 집중력

집중력은 한 가지 일만 파고들면서 다른 생각은 하지 않는 것이다. 그래서 집중력을 망각이라고 하기도 한다. 뉴튼은 냄비에 시계를 계란으로 착각하고 넣었다. 오직 연구에만 열중했기 때문이다. 아르키메데스는 목욕을 하다 비중의 원리(아르키메데스의 원리)를 발견, 옷을 벗은 것도 잊어버리고 "유레카!"를 외치며 거리를 질주하여 집으로 갔다. 이처럼 한 가지에 몰두해야 어떤 결실을 맺을 수 있다.

집중력을 기르려면 미리 시간을 정한 후, 그 시간만큼은 집중 훈련에 최선을 다해야 한다. 즉 목표를 정하고 학습에 전념하는 습관을 천천히 길러야 한다. 자신이 계획한 시간에 공부하는 습관을 기르면 관성의 법칙에 작용되는 집중력을 효과적으로 높일 수 있다.

집중력 강화법

- 집중은 포기하는 데서 나온다. 자신의 목표 이외에는 미련 없이 포기한다. 그러면 자연스럽게 집중을 할 수 있다. 현재 공부하는 것 이외에는 잊어버려라. 그러면 기억력도 향상된다.

- 목표를 강화하기 위해서 구체적인 계획과 목표를 세우고 동기부여를 한다. "목표를 왜 이루어야 하는가?"와 목표를 이루었을 때 "어떤 결실이 돌아오는가?"를 구체적으로 명시하고 상상한다.
- 하루에 세 번(아침 · 점심 · 저녁)씩 1분을 투자해 자신의 목표가 이루어졌을 때의 기쁨에 대해 상상하고, 그 목표를 꼭 이루고야 말겠다는 다짐을 되풀이한다. 목표가 이루어지는 시점까지 지속한다. 이 방법을 지속하면 의지와 신념이 강화됨으로써 결국 목표를 이루게 된다.
- 적당한 운동과 편안한 마음을 가지고 위의 세 가지 방법을 꾸준히 실천하도록 한다. 건강해야 집중도 할 수 있다.

4) 사고력

사고력은 기존 지식을 비교 응용하여 새로운 경험과 관련짓고, 여러 개념을 연결하는 능력이다. 수능은 기존 지식을 이용하여 생각하는 능력을 평가하는 시간이다. 따라서 논리적인 사고력을 기르면 수능성적 향상에 많은 도움이 된다. 이는 책의 내용과 다른 사람의 의견을 자기 생각과 비교함으로써 길러진다. 그리고 자신의 의견을 조리 있게 설명하거나 써보는 것도 도움이 된다. 사고력은 독서가 뒷받침되어야 하며, 사물을 비교 · 추리 · 통합하는 논리적 습관을 기르도록 하자.

5) 창의력

창의력은 기존 지식을 분석 · 종합하여 새로운 아이디어를 만들고 생산성을 높이는 능력이다. 수동적인 사람보다 능동적인 사람에게 있어 발전 가능성이 높은 능력이다. 그러므로 사물에 대하여 문제 의식을 가지고 접근, 끊임없이 의문을 제기하고 탐구하며 새롭게 바꾸어 보도록 하자.

6) 자발력

자발력(자주성)이란 스스로 학습하는 습관을 말한다. 내가 세운 목적과 목표를 향하여 스스로 책임을 지고 나아가는 진취성과 자주성이 필요하다.

이와 같은 학습 능력은 삶에 대한 적극적인 자세와 관련이 있다. 내 인생은 내가 개척하고 책임진다는 강한 주체성을 가지고, 긍정적인 삶을 통해 적극적으로 행동하는 자세를 가져야 한다. 또한 다른 사람을 아끼고 질서를 존중하는 태도도 필요하다.

학교 생활에서 수업시간의 활용은 매우 중요하다. 수업시간의 활용 유무에 따라 학습력이 좌우되기 때문이다.

공부를 잘 하기 위한 방법으로 어떤 것이 가장 중요하냐고 대학 합격자들에게 물어보면, 이구동성으로 수업을 잘 받으라고 대답한다. 그러나 수업을 제대로 받는 학생은 아주 드물다.

〈표 2〉는 한 학기 동안 고1 학생의 수업자세를 벌점으로 체크한 후 수행평가에 반영, 성적과의 상관관계를 작성한 것이다. 수업을 소홀히 한 학생의 성적이 나쁜 것은 당연하지만, 이를 통계수치로 실증해 본 것이다. 수업 벌점이 하나도 없는 학생의 평균성적은 77점이고, 벌점이 10점 이상인 학생들의 평균성적은 53점으로, 24점의 차이가 나타난다 (성적석차 백분율은 중학교 때 기준이다).

표 2	벌점 수와 성적과의 상관관계			
수업 벌점	인원	성적 평균	성적석차(%)
0	57	77	35
2	82	71	39
4	72	64	48
6	41	62	54
8	10	59	58
10	12	53	67

※ 평균성적은 68점

〈표 2〉에서 알 수 있듯이 수업태도와 성적은 확실히 비례한다. 좋은 성적을 얻으려면 수업을 잘 받아야 한다.

수업을 잘 받는 비결

수업을 잘 받는 방법 역시 대부분 잘 아는 원칙을 지키는 것이다. 먼저 수업에 임하는 기본정신이 중요하다. 선생님을 존경하고 예절을 갖추어 수업에 참여해야 한다. 부모님을 존경하듯이, 선생님 또한 나에게 학문과 인생을 가르치는 고마운 분이라는 의식이 필요하다. 최근 과외가 극성을 부리고 있다. 과외의 숙제를 학교에서 하고, 학교에서 배우는 것을 과외에서 미리 배워버리면 학습의 흥미를 잃고 만다. 과외는 학교 공부에서 부족한 면을 보충하는 것이지, 학교에서 수업할 내용을 미리 배움으로써 학교수업이 과외의 보충이 되어서는 안 된다.

모든 일에는 준비가 필요하듯, 다음에서 강조하고 싶은 것은 예습이다. 일화를 하나 소개한다.

중동에서 건설 붐이 일어났을 때, 한국인 기술자와 외국인 기술자는 일하는 태도에서 차이가 난다는 말이 있었다. 외국인 기술자는 작업 시작 전에 와서 도구를 미리 점검, 작업 시간과 동시에 일을 시작하며 감독관이 없어도 열심히 일을 한다. 그런데 한국인 기술자는 일과가 시작된 후에 도구를 꺼내서 천천히 일을 하고, 감독관이 있을 때와 없을 때 일하는 자세가 사뭇 다르다. 따라서 일의 양이나 질이 외국인보다 떨어졌다. 어떤 독일인 기술자는 한국인보다 두 배의 임금을 받았다고 한다.

수업시간에도 이와 같은 이치가 적용된다. 준비하는 자세와 성실한 수업 태도가 학습 효과를 높이는 데 결정적인 역할을 한다. 어렵지만 일부 과목만이라도 조금씩 예습을 시작하는 것이 좋다. 그리고 수업 시작 5분 전에는 예습, 수업 종료 5분 후에는 정리하는 시간을 가진다면, 다른 사람보다 한 시간 이상 공부한 효과를 올릴 수 있다.

마지막으로 기억력 증진 차원에서 복습이 필요하다. 탈무드에는 "하루 공부하지 않으면, 그것을 되찾기 위해서는 이틀 걸린다. 이틀 공부하지 않으면, 그것을 되찾기 위해서는 나흘이 걸린다. 1년을 공부하지 않으면 그것을 되찾기 위하여 2년 걸린다"라는 말이 있다. 이는 복습의 중요성을 강조한 말이다. 보통 초기 학습 후 9시간이 흐르면 기억이 급속히 사라진다고 한다. 그날 그날의 복습을 통해 기억력을 증진시키는 것이 중요하다.

복습과 관련해서 "열심히 들으며 중요한 것을 노트에 기록하고, 모르는 것은 적극적으로 질문해야 한다"라고 말해 주고 싶다. 중요한 것을 기록해 두면 그 부분을 잊어버렸다고 해도 필기한 것을 통해 다시 알 수 있다. 또한 질문은 이해가 되지 않는 것을 명확히 알 수 있는 가장 좋은 지름길이다.

학생부성적 올리는 비결

현재 고교생들의 학력을 측정하는 기준은 대학입시와 관련하여 학생부성적과 수능성적이라고 볼 수 있다. 학생부성적은 평소 학생들이 공부한 것을 1년에 네 차례, 3년 동안 열두 차례에 걸쳐 학습한 내용의 성취도를 평가한 시험 결과다.

　　대학에서는 학생부성적을 교과 성적과 비교과 성적으로 나누어 반영한다. 대학마다 반영방법이 다르므로 기본 개념부터 이해한 후, 그 차이를 알고 효과적으로 대처해 나가야 한다.

【 학생부성적의 주요 개념 】

1) 반영률

입시 총점 중 학생부가 차지하는 외형상 비율을 말한다. 입시 총점이 1,000점이고 학생부 반영률이 40%면 학생부의 외형상 점수는

400점이다. 반영률은 400점이라도 최하 점수는 0점이 아니다. 기본 점수가 있기 때문이다. 기본 점수를 뺀 실질 점수의 비율을 실질 반영률이라 한다.

2) 성취도(평어)

수·우·미·양·가를 성취도 또는 평어라고 한다. 수·우·미·양·가는 대부분 5·4·3·2·1의 수치로 점수화된다. 이를 환산점수라 한다.

3) 학년별 가중치(학년별 반영 비율)

학년별 성적을 똑같이 취급하지 않고 1학년보다 2학년, 2학년보다 3학년을 중시하는 방법으로 가중치를 둔다. 대부분의 대학이 1·2·3학년 반영비율을 20·30·50%로 하고 있다.

이 경우 일반적으로 전 학년 석차백분율(1학년 석차백분율 0.2 + 2학년 석차백분율 0.3 + 3학년 석차백분율 0.5)을 산출하고 반영 교과목 전체 평균을 낸 후에 대학별 고유 등급에 적용한다. 3개 학년을 동일하게 취급하는 대학도 있다.

4) 교과등급

교과 성적을 계열 석차백분율로 할 경우에 등급화하여 점수를 배정한다. 석차백분율 자체를 점수화하는 대학도 있는데, 대부분 15등급을 이용한다. 이 밖에 5·7·8·9·10·20등급 등도 있으니 이 부분을 잘 검토해야겠다.

성적을 올리는 10가지 비결

1) 수업시간을 시험시간처럼 여겨라

수업시간을 성적이 나오는 시험시간으로 생각하라. 지금 배우는 내용이 모두 시험 문제라고 생각하면 집중이 더 잘 될 것이다. 수업 중 선생님이 강조한 부분은 '★' 표시를, 중요하다고 생각되는 부분은 ' ' 표시를, 추후 학습이 필요한 부분은 '???' 표시를 한다. 이해하지 못한 내용은 표시를 하지 말고, 곧바로 질문을 한다. 그렇게 해서 얻은 설명의 내용은 책이나 노트에 적어둔다. 도표나 지도를 참조할 경우에는 방과 후 즉시 복사해 붙여둔다.

2) 시험공부 계획은 시험기간 2주 전부터 하라

계획을 세우면 공부가 더 잘 된다. 하루 단위로 학습계획을 세운다. 국사, 세계사를 예로 들면 오늘부터 내일모레까지는 옛날이야기처럼 읽으면서 통사(通史 : 한 시대나 지역에 관한 특수한 역사에 대하여 전 시대나 지역에 걸쳐 개괄적으로 서술한 역사)를 위주로 공부하고, 그 다음주부터 개별적인 사실에 대해 깊이 파고드는 계획을 세우는 것이다. 주의할 것은 학습계획을 세울 때, 하루 종일 한 과목을 하는 것보다 두 과목 정도 하는 것이 좋다는 점이다. 그러나 사회나 과학처럼 범위가 좁은 것은 하루에 다 해도 좋다.

3) 교과서를 놓치면 안 된다

교과서는 시험출제에 있어 기본이다. 여러 선생님이 출제할 때는 교과서가 기준이 될 수밖에 없다. 교과서를 볼 때 중요한 곳은 밑줄을 그으면서 공부한다. 이 때 될 수 있으면 노트를 옆에 두고, 노트에 빠진 부분을 새로 적어넣고, 고칠 부분은 고친다. 이렇게 하면 중요한 줄거리와 핵심을 암기하는 데 효과적이다.

학생들은 암기를 두려워하는데, 무조건 외우려고 하기 때문이다. 앞에서 말한 방법으로 전체를 이해하면 암기가 어렵지 않을 것이다.

4) 교과서를 읽은 후 문제를 풀어라

교과서 읽기와 노트 암기과정을 거친 후에 문제를 풀어라. 그러면 처음부터 문제를 푸는 것보다 더 잘 풀릴 것이다. 문제를 풀 때에도 방법이 있다. 먼저 참고서의 문제를 풀고, 지난 해 기출문제를 구하여 풀어본다. 그리고 문제풀기는 시험 전주에 암기 내용을 정리하는 차원에서 한다. 풀다가 막힌 부분은 외우거나 빨리 보완한다.

5) 시험 전날에는 틀리기 쉬운 것을 중심으로 공부하라

시험 전날에는 다음날 시험 볼 내용 중 중요한 부분을 다시 보고 암기하거나 풀어본다. 2주 동안 공부하면서 아주 중요하다고 여긴 부분 중 자신이 모르는 부분을 메모해 놓았다면, 이 때 아주 큰 도움이 된다. 단메모를 커닝 페이퍼로 사용해서는 안 된다.

6) 과목별 예상문제를 출제하라

친구 몇몇이 모여 각자 잘 하는 과목을 하나씩 맡는다. 그리고 출제문항의 두 배 정도에 이르는 예상문제를 뽑아 복사하여 나누어 갖는다. 시간도 절약되고 우정도 깊어질 수 있어 일거양득이다. 예상문제를 뽑다 보면 그냥 공부할 때와는 다른 각도에서 접근할 수 있게 되고, 그 동안 알지 못했던 사실들도 알게 된다. 또 다른 친구가 낸 문제를 통해 자신의 허점을 보완할 수 있다. 다만 여럿이 함께 있으면 잡담을 하면서 시간을 낭비할 수 있으니 경계해야 한다.

7) 시험시간에 실수를 줄여라

시험을 다 보고 나면 늘 문제를 잘못 이해했거나 답안기록을 잘못했다는 학생이 있다. 2~3주 동안 열심히 공부해 놓고 이런 실수로 점수를 잃으면 그보다 속상한 일이 없다. 예전에 어떤 실수를 했는지 생각해 보고, 앞으로 시험을 볼 때 되풀이하지 않도록 주의하는 것이 중요하다.

8) 출제 의도와 질문의 취지를 잘 파악한다

틀린 문제의 오답 원인을 조사해 보면 질문의 취지를 잘못 해석하여 틀린 경우가 30%, 몰라서 틀린 경우가 40%, 풀이과정의 착오가 30% 정도다. 지문을 꼼꼼하게 읽고 요지를 잘 파악하면, 잃어버린 점수의 3분의 1은 다음 시험에서 되찾을 수 있다. 특히 중간·기말고사는 시험시간이 여유 있는 편이다. 그러니 시험을 볼 때마다 천천히 읽으며 문제의 의도를 정확히 파악하는 습관을 들여야 한다. 그런데 이런 습관은 하루아침에 길러지는 것이 아닌 만큼, 문제집을 풀 때부터 대충 보고 찍는 식으로 풀지 말고 실전을 치르듯이 진지하게 푼다. 그래야 수능시험에서 대량 실점을 피할 수 있다.

9) 풀 수 있는 문제부터 먼저 푼다

아리송한 문제는 뒤로 미룬다. 매달려 있어 보아야 시간만 잡아먹을 뿐이다. 특히 영어 · 수학의 경우는 시간이 빠듯하다. 풀 수 있는 문제를 먼저 정확히 풀어나간 다음, 풀지 못한 문제에 도전해야 최대한 점수를 얻을 수 있다.

10) 시험이 끝나면 허점노트를 만들어라

시험이 끝나면 학생이 홀홀 털어버리고 만다. 그러다 보니 한번 틀린 문제를 다시 틀리는 경우가 많다. 영어 · 수학은 다음 시험에도 그 전 내용이 연계된다. 성적을 올리고자 한다면 시험이 끝난 후 반드시 틀린 문제를 분석하여 허점노트를 만들어야 한다.

허점노트는 다음과 같은 방법으로 만든다.

* 틀린 문제를 적는다. 틀린 원인을 분석한다.
    - 아주 몰라서 틀린 경우 : 왜 몰랐는가를 분석한다. 시험공부가 부족했는가? 공식을 몰랐는가? 어휘나 기본 개념을 몰랐는가? 수업시간에 집중하지 않았는가?
    - 아는 문제를 틀린 경우 : 문제해석을 잘못했는가? '~아닌 것'을 '~인 것'으로 착각하지 않았나? 어떤 용어를 잘못 해석하거나 문항 요지를 잘못 읽었나?
    - 착오로 틀린 경우 : 대부분 번호를 잘못 기재했을 경우다.

이러한 과정을 통하여 분석하면 자신의 약점을 알게 된다. 동시에 자신이 무엇을 모르는지도 깨닫게 된다. 이를 바탕으로 합리적인 학습계획을 세울 수 있고, 잘못된 학습습관을 고쳐 성적이 오르는 데 기여할 효과적인 발판을 마련할 수 있다.

성적이 저조할수록 이 작업은 더욱 필요하다. 허점을 분석하는 데 많은 시간이 걸리는 것은 아니다. 시간이 부족하고 귀찮다면 틀린 문제를 노트나 책에 표시해 두는 것도 좋다.

［ 모의 수능으로 실제 수능 점수를 올린다 ］ 모의 수능을 보는 목적은 자신의 실력을 측정한 결과를 토대로 계획과 실천의 적정성을 검증하고, 시험 방법(시험 시간을 배분하는 방법, 시험에 대한 적응력)을 기르기 위한 것이다.

모의 수능을 볼 때는 실제 수능이라고 생각하고 차분히 임하는 마음가짐으로 연습을 해야 한다. 이 때 시간 배분과 문제지에 정답을 먼저 체크하고 번호를 올려 쓰지 않는 것 등을 해보면, 실제 수능에서 도움이 된다. 시험을 보기 전에 어떻게 보겠다는 계획을 세우고, 끝난 후에는 문제점을 검토한다.

모의 수능이 끝난 후에는 틀린 원인을 분석한다. 이를 위한 방법으로는 오답 분석이 있는데, 틀린 문제를 ① 해답의 오기(誤記), ② 문제 출제 의도나 문장 해석의 오해, ③ 계산이나 사고 과정의 착오, ④ 아리송한 문제, ⑤ 전혀 모르는 문제 등으로 나누어 정리해서 다음에 되풀이하지 않도록 주의한다. 오답 분석을 통하여 시험 볼 때의 문제점을 고쳐나가면 곧 학력이 향상될 것이다.

수능을 대비하는 수험생들에게

원론적인 공부법에만 매달릴 수 없는 것이 고3 수험생의 현실이다. 고3 수험생은 단기적인 효과를 볼 수 있는 학습방법이 필요하다. 수능성적은 학생부와 별개로 생각한 채 그 사이에서 고민하는 학생들이 많은데, 일단 학교수업이나 시험공부를 철저히 하면 자연스럽게 수능을 대비할 수 있다.

방학생활 학습계획

**실현 가능성을
80% 이상으로 높여라**

목표가 크다고 좋은 것은 아니다. 실현 가능성이 높아야 한다. 자신의 결점과 학습능력을 고려하여 계획한 교재의 학습량을 정해야 한다.

학습 계획량을 정할 때 방학 전체에 걸쳐 학습 가능한 시간 수를 계산하라. 무리하게 하루 15시간씩 학습을 계획하는 것은 실현성이 없다. 결심이 단호하고 목표가 큰 사람은 10시간 내외(학교 보충수업시는 하향조정), 보통사람은 7시간 내외가 적당하다. 구체적인 것은 자신의 능력과 학습 습관을 고려하여 스스로 정하기 바란다.

방학 초기에 학습한 시간 수를 기록해 보고 조정하기 바란다. 처음에는 잘 되다가 나중에 무리하는 바람에 실패할 수 있으니, 다소 여유 있게 정해야 한다. 계획을 수시로 조정하여 융통성을 살려야 실현 가능성이 높아지고 실패가 없다.

1) 스스로 계획하고 공부하는 학습 습관을 붙여라

남이 세운 계획을 그대로 쓰는 것은 실현성이 적고, 자율성을 저해하여 아무 효과도 얻을 수 없다. 스스로 세우고, 점검하고, 자기 약점을 찾고, 자기에게 맞는 학습방법을 개발하고 적응해야 한다. 인생은 스스로 개척하는 것이다. 자신의 문제를 스스로 해결하는 과정에서 인간은 참되게 성장한다.

2) 숙제는 방학 시작 1주일 내에 하라

숙제 때문에 방학 내내 걱정하지 말고, 방학을 하자마자 1주일 내에 숙제를 마치고 가벼운 마음으로 자신의 계획을 추진하자. 예를 들면 영어 단어 1,000개 외우기 등은 자신의 학습계획에 포함시켜 꾸준히 실천하자. 어려운 것은 개학 직전으로 돌리자.

3) 생활의 리듬을 잘 이용하여 계획을 세워라

계획 중간에 휴식을 넣어라. 1~2학년의 경우는 1주일 중 하루는 마음 놓고 쉬는 것도 좋다. 쉬는 날에는 영화구경도 좋으나 고적 탐방, 박물관 탐방, 전시회 관람 등 자신의 교양을 높일 수 있는 기회를 가져라. 그리고 갔다 오면 소감을 반드시 써놓자.

　피서를 하루 이틀쯤 갔다오는 것도 새롭게 각오를 다질 수 있는 효과를 얻을 수 있다. 그러나 휴가 후유증이 오래 지속되면 안 된다.

학년별 학습 계획법

1) 고등학교 1~2학년 때는 한 과목을 집중 공략한다

고등학교 1~2학년 때는 주요 과목 중 평소 부족하다고 느낀 과목을 집중 공략하고, 나머지는 제2선택으로 한다. 한 과목만 공부하면 지루하니까 다른 과목을 정하라는 것이다. 많은 과목을 모두 정복하려다가 하나도 제대로 못한다. 그렇다고 다른 과목은 완전히 외면하라는 것이 아니다. 중점 과목에 50% 정도 시간을 배정하라는 것이다.

수능에 대비하여 독서계획도 세워야 한다. 문학 작품뿐만 아니라 교양도서도 읽어야 하고, 매일 신문의 칼럼을 읽으면서 어려운 말의 뜻을 찾아보고 한자를 익히는 것도 좋다. 1주일에 한 번 정도는 공공 도서관에 가서 읽고 싶은 책을 읽자. 한번 가면 두세 권은 볼 수가 있다. 그러면 방학 동안 10여 권은 충분히 읽을 수 있다. 방학 동안에 책을 안 읽는다면 참된 실력을 올릴 수 없다. 방학이야말로 좋은 책을 여유 있게 볼 수 있는 기회다.

2) 고등학교 3학년생은 자기 허점을 파악하고 보완하라

고3에게 여름방학은 고교 시절의 입시를 앞둔 마지막 기회다. 여름방학을 잘 이용하여 모의 수능성적이 30점이나 상승한 사례도 있다. 학과와 목표 대학을 선정하고, 지금까지의 모의고사 성적을 잘 분석하여 부족한 점을 보완하는 것에 중점을 두고 계획을 세워야 한다.

●

명강사 13인의
7차수능공략

●

지은이 / 김준호
펴낸이 / 김경태
펴낸곳 / 한국경제신문 한경BP
공동기획 / 한성출판기획
등록 / 제 2-315(1967. 5. 15)
제1판 1쇄 인쇄 / 2003년 10월 1일
제1판 1쇄 발행 / 2003년 10월 5일
주소 / 서울특별시 중구 중림동 441
홈페이지 / http://bp.hankyung.com
e-메일 / bp@hankyung.com
기획출판팀 / 3604-553~6
영업마케팅팀 / 3604-561~2, 595
FAX / 3604-599

* 파본이나 잘못된 책은 바꿔 드립니다.
ISBN 89-475-2450-6

●

값 9,000원